近代中日關係研究 第三輯 1

三十三年之夢－宮崎滔天自傳

宮崎 滔天 著
陳鵬仁 譯

蘭臺出版社

宮崎滔天

目次

獻給

魏湘鬢先生伉儷

序一

世傳，隋時有東海俠客號虬髯公者，嘗游中華，遍訪豪傑，遇李靖於靈石，識世民於太原，相與談天下事，許世民爲天人之資，勗靖助之以建大業，後世民，起義師，除隋亂，果興唐室，稱爲太宗，說者謂，初多俠客之功有以成其志云。宮崎寅藏君者今之俠客也，識見高遠，抱負不凡，具懷仁慕義之心，發拯危扶傾之志，日憂黃種陵夷，憫支那削弱，數游漢土以訪英賢，欲共建不世之奇勳，襄成興亞之大業，聞吾人有再造支那之謀，創興共和之舉，不遠千里，相來訂交，期許甚深，勗勵極摯，方之虬髯誠有過之，惟愧，吾人無太宗之資，乏衞公之略，馳驅數載，一事無成，實多負君之厚望也。君近以倦游歸國，將其所歷筆之於書，以爲關心亞局興衰，籌保黃種生存者，有所取資焉，吾喜其用意之良，爲心之苦，特序此以表揚之。

壬寅八月　　　　　支那　孫文逸仙拜序

序二

吾友滔天子　俠烈氣高軒　畫策縱橫多危言　抱負在解兆民寃　胸藏經天緯地謀　欲與亞州及全渾　感想湧來山嶽動　談論激處勢瀾翻　難那天時猶未到　失脚十年徒走奔　半生夢覺落花夕　青衫唯見斑酒痕　回首三十三年非　空有一片赤心存　半夜燈前感多少　呵筆寫盡舊夢繁　不入山門不避世　含垢笑入雲氏門　雲氏巧爲浪花節　妙技絕倫人傳喧　子也天賚聲音美　努而可窮造化源　講筵任述胸中事　案上宜說人間原　一身安處隨處是　不須驕傲枉自尊　君不見人生擾擾一場夢　富貴功名何足論　大隱隱市　小隱隱村　人間更有隱外隱　併來清濁呑乾坤　噫吁彼一時兮此一時　清時須先件芳樽　今夜對酌滌襟煩　更傾一杯作春溫　落花紛紛雨紛紛　滿眸春老暗銷魂

滔天子投于桃中軒，隔數日，余得閒訪焉。滔天歡迎，啣杯迭話舊夢，自申至戌，而談遂不及當今之事也。感慨無窮，席上賦詩而述懷，偶告其著三十三年夢刻成，即附以代題辭云爾。

壬寅盛夏　　呑宇　清藤幸七郎識

三十年之夢

三　本是名家子。　劍書其所耽。
　　三三前已爾。　翹足後三三。

十　九九八十一。　三三不爲十。
　　不平出至性。　人世愛深笠。

三　深笠飛燕子。　艷情多畸男。
　　他說眞豪傑。　何知是張三。

年　侈矣王侯夢。　醒來羨小仙。
　　清白高明士。　空期五百年。

夢　夢乎吁是夢。　夢裏何尋夢。
　　玲玲陌上聲。　覺殺夢中夢。

桃中軒席上、醉餘與香宇居士、分三十三年夢五字、相唱酬、調滔天子學浪花節。

壬寅夏日　無何有鄉生

自序

我生性喜歡聲曲，無論東西，不分雅俗，則不管義太夫節、法界節、阿保陀羅經或者新內（都是一種歌謠—譯者），舉凡聲曲，甚至於有人說它是下流淫猥者，也都能使我心神喜悅，但我自己却唱得不好。

我年幼時，祇記得浪花節的這樣一段：「聽到喊叫老大拜托拜托，則不能不管人家困難的美男子，受人們歌頌，爲女性喜愛，我是在江戶賣名的長兵衞」。因此，心情一憂悶，我便朗誦它，以自慰。十幾年來，我東奔西走，受人世激浪的考驗日多，覺得此技亦稍有進步，這是因爲心不平氣不和時，就喝酒疾呼放誦，以自解所致。

數年前，我從華南回來，往訪雲翁（頭山滿），他設宴令我暴飲，我乘醉歡呼歌唱，翁笑說，你如果去唱浪花節，現在已經成爲世界第一了。後來，我陪康有爲君由香港返日，與中國志士陳白（少白）君造訪雲翁，翁送我琵琶，陳君代翁題之曰：

流落潯陽婦　冰絃訴別情　吳門乞食客　亦作洞簫聲。

英雄漂泊紅顏老　同抱餘情委秋草　贈爾琵琶作伴遊

一擲十年長潦倒

嗚呼！這是預言嗎？當時，他豈料到我會做唱浪花節的？

有人說，人立志必須遠大；也有人說，人不知其本分者將誤其一生。前者使人氣壯，後者令人心小。在前者有誤者，終於落空無為：在後者失誤者，將萎縮傷天性。我可能錯於前者。我認為，世上未有限定人力的範圍者，所以輕率速斷，安於小節，無異暴殄天物，因此我立遠大的志氣，俾建立空前的偉業，以安蒼生。

或許有人要說，理想是理想，不能實行。但我覺得理想應該實行，不能實行的是夢想。我相信人類同胞的道理，故厭惡弱肉強食的現狀。我信仰世界一家之學說，故憎恨現今國家的競爭。厭惡的，該除；憎恨的，當破，否則是夢想。所以我肯定力氣的需要，於是我遂以世界革命家自居。

我一向認為人的能力是不可限量的，但卻以為人生的要務在於自覺，即佛教的所謂見性成佛，基督教的所謂「你們要求自己的完全，像你們天父的完全一樣」。而致此之道，唯學問是賴，也就是要普及教育。可是社會却不平等，窮人多，富人少，而教育卻需要時間與金錢。換句話說，欲普及教育，非改變多數貧民的狀況不可。因此，我也以社會革命家自任。

我承認個人的自由權利，因而不喜歡平均財產之說，更不贊成國家社會說；至於土地，因為非人力所生產，而由上天賦予萬民，所以不應該由少數人據為私有。基於這個道理，我主張恢復地權，以改變貧民的窘境。如何做呢？言論畢竟無濟於事，實唯依靠武力。

嗚呼，我的理想與現世離得太遠了，其距離，不止千里。而且我不能安於理想，我一定要把希望變成現實。世界有一朝而退百世者，也有一夕而上百世者，千里之距離，不能一刹那之間使其一致嗎？這唯有靠武力，及視天人之和與不和而定。但所謂武力，如不能附諸實施，亦屬一種夢想。於是我選擇中國爲武力的根據地，因爲中國地廣人衆，革命的機運也很成熟，我如能取而代之，或者令同一主義者替代，適用一切理想，奠定根基，以號令宇內，或能達成我的願望。

可是，我又覺得人有種族的偏見，因此，我準備習熟中國的言語風俗後，潛入大陸，作爲一個中國人來從事此項事業。惟事與願違，我徒流浪於炎天熱地，雖得犬養氏之照顧而得入夢寐鄉國，到處物色人物，終得孫逸仙先生，並跟隨他經策多年，但或爲菲島事件，入獄新加坡，海峽殖民地和香港的驅逐令，惠州的革命軍，背山事件，同志的內訌，我事全歸失敗，因而終於敲桃中軒之門，擠身浪花節界，我的理想果然成了夢想。嗚呼，頭山之所言，陳少白之所題，是否諷示我的？但我並不以晚覺醒爲憾。

我雖然投身浪花節界，但我却不敢告訴知己和前輩，因爲覺得未能報答他們的厚意，很沒有面子。我碰巧有事到弄鬼齊（一木齊太郎）家，麻翁（神鞭知常）也在場，一起暢飲，在談吐中麻翁得知我的事，因而大聲丟杯子罵說：「你這個沒有出息的傢伙，給你酒，不如給塌塌米喝」，而把酒倒在塌塌米上面。我因爲酒勢，一時衝動，而怒說：「誰要你這個下流的政治家來敬酒！」你論我駁，從黃昏辯到清晨。翌日，麻翁門徒來說：「麻翁回家後臥床大哭，並連喊有什麼方法可救，把宮崎帶到這裡來」。聽完這番話後，我不堪甚情而也哭了。嗚呼，我怎麼不難過。數日後，木翁（犬養毅）來信說：「昨日弄鬼子來講，你做了什麼右衞門的徒弟，投身浪花節界，我實不勝詫異，惟世上往往有誤傳，但願這個傳聞是訛傳」；又說：「前幾天，福岡的三好將軍來訪，並說他最近從陶朱氏（范蠡）學了不少，故他已非昔日之怒髮衝冠的人，這是可喜的事，爲何獨你要棄世去作携杖賣藝的人，無論如何，我不能瞭解個中道理」。對此，我無從作答。又經過數日，一念兄（古島一雄）來訪，並說：「木翁及其夫人要我來勸阻你，你或許不願意，不過我還是希望你再穿外掛，裙子跟我兒酒」。我沒答應。他潸然流淚而去。嗚呼，這怎麼能叫我不難過。

我寄食桃中軒後，有一天陪吾師前趨雲翁公館，告訴他這個事實。雲翁微笑著說：「都好。惟人會議論紛紛，不過我贊成他們勸阻你，但我也贊成你不聽，兩邊我都贊成。總之，我得送你件幕」。嗚呼，這怎麼能使我不歉疚。

我往日的許多老朋友，以及跟我未曾見過面的各位，有的直接以言辭，有的由遠處用文字，同情我的決心，或安慰我和勉勵我，令我不勝感激。不過，我之投身浪花節界，並非諸位所想像下了那樣大的決心，而祇是隨我性之所好，選擇我的職業而已。因此對於各位同情我，我實在非常慚愧。唉，老實說，到了三十三歲，我才略知我的本分。

當我決心要唱浪花節時，我身無分文，無由動身，於是寫信給熊本的女俠三浦女士，說明原由，請其援助。她寄來錢並說：「你應該還沒到以人世爲虛幻的年紀，怎麼想法而作這樣的決心？我切望你能回心轉意，請回信。這些，請你用作車費」。我忍聲吞淚用了這筆款子，但違其美意走上這條路，特予記述，以表謝忱。

嗚呼，人世原是一場夢，「三十三年之夢」，祇是其中一部份。今日，公開它成爲說夢的痴人，我不怕賢人的譏笑。

明治三十三（一九〇二）年八月

滔天宮崎寅藏識

半生夢醒念落花

一響花落吉野山，但是，隨風而掉的，怎麼能獨怪敲鍾和尚的無心？有的把樹梢上許多花看成白雲而歡欣，也有人把凋謝的狂花當做白雪來欣賞。十人十色，人各依其心境而不同其情趣，祇是花兒無心，與它無關而已。我想做花兒。

花兒好。做與樹梢上白雲爭觀的花也好，成爲與白雪較皎的狂花也不錯。但對我來講，這些皆屬於過去的夢想，自不可再。我是掉到泥土裡的落花。

嗚呼！半生夢醒念落花。我自照鏡子而笑說：你的相貌看來似很不平凡，但却實在太不爭氣了；你的風采相當英俊，但手腕太差；你個子高大，但心胸何其窄；你的行爲雖不羈磊落，但感情却如婦女。你終竟不是天下的英雄。嗚呼，凡夫。天下的凡夫只有你和我。讓我們同唱落花歌，同奏落花曲。我很想折武藏野的花，這也是，嗚呼這也是……。

故鄉的山河

但是，我家母却以七十多高齡仍健在故鄉。她如果聽到我唱落花歌，不知道將做何感想。在我母親居住的故里，還有我的妻兒。她們汲汲忍苦守著其夫其父的舊夢。她們如果聽我唱落花曲，不知道要說什麼。回故鄉時，市藏、兵吉（宮崎家的傭人）不知將做何種的想法。若回家去的話，故鄉山河又將如何迎我？

距離加藤肥州依依不捨的銀杏城（熊本城）西北十幾里，往長州街道（這是固有名詞，這個街道是大馬路的意思）去，在將要踏進筑後（今日的福岡縣）的境界處有一小村落，它的名字叫做荒尾村（即現今的熊本縣荒尾市）。人民雖窮却純樸，地質雖瘠却佔形勝。我出生於這個寒村的望族，古代之所謂鄉士之家，被人們崇爲先生，晨眺小岱八郎行平的居城七面峰於東方，夕隔白浪洗脚底的有明灣，遙望肥前的溫泉（今日的雲仙岳）、多良二峰於西方，曾經多少次俯仰大聲高歌英雄出處地形好，而今竟是如此。嗚呼，地形背我，還是我違地形？到底，英雄是什麼？

我的家庭

家父是我十一歲時去世的，關於這，我雖然記憶不多，但我卻記得他開武場教學生擊劍的事。更記得他把自己栽種的西瓜綁在馬背，親自分送給村裡的老人和病人，以及他時或酒醉大聲，伸開双手，毫無忌憚地高歌舞蹈的那可怕的風采。尤其令我難忘的是，他常常摸著我的頭，要我做豪傑成大將，和看我手拿金錢時， 責罵這是乞丐，非人之所爲。家母亦能體驗父意，而經常教誨我們說，死在塌塌米上面是男人的恥辱。我的親戚和村中父老，又皆異口同聲地鼓勵我效法我哥哥。這裡的所謂我哥哥，乃是指在明治初年（明治元年是一八六八年）主張自由民權，流浪天下，一八七七年參加西鄉之亂（西鄉隆盛的叛亂，史稱「西南之役」）而戰死的長兄八郎。因此，我不懂得什麼是大將豪傑而就想做大將豪傑，不曉得自由民權之爲何物而就認爲自由民權是好的；舉凡有官字的人（官軍、官吏等等）都是盜賊壞蛋，賊軍造反是大將豪傑之所應爲。嗚呼，家庭對我不好呢，還是我對家庭不好？現今我竟落到此種地步。

我有男子八人女子三人，一共十一人的兄弟姊妹，我是最小的男孩子。除此而外，還有一個養兄（元右衞門），但我從未見過他。根據家母的說法，家父本欲令這個養兄繼承宮崎家，至於親生子女，則使其受過一般教育後，便讓他們自由發展，各奔前程。可是，預定繼承宮崎家的養兒，却早就離鄉別井，四處流浪，日後參加長州（今日的山口縣）的叛變，陣亡於蛤御門之戰。其他兄弟，亦皆早夭亡。家父去世時，便祇剩下兩姊兩兄和我而已。當時兩姊已適，而兄（民藏和彌藏）就讀於近鄉的某私塾，我上近村的小學，書法、作文時，因濫用自由民權字眼，而曾幾次受到老師的嚴責。但我是先天的自由民權家，所以並不因爲老師的嚴責而改變我的惡癖。十五歲時，讀完小學進入中學之後，還是舊態依然，因此再三受到校長和老師的譴責，更深爲同學所不齒，而屢次遭遇到夜襲。

我讀中學時候，一兄和二兄分別遊學於東京和大阪。獨家母與名叫奧那卡（音譯）的老實下女守著家。家父在世時並不用心於治理家產，而喜歡憐惜貧民，厚遇遠人，因此末世時家政大亂，幾乎不可收拾。家母以女性之身繼承其後，且給資三兒，令其遊學。其苦心之不尋常，可想而知。當我回家要學費時，發覺家母暗中把棉被、蚊帳拿去當舖，因而我在房裡偷偷哭泣者不止一次。如此終於突破難關，令我們弟兄受完一部份學校教育之家母的勞苦，不言而喻。而協助家母整理家政的功勞者是村農彥代夢（平川彥代夢）翁。此翁已不在人間，其子千馬氏繼之，今日且仍代乃父眷顧輔助殘潰的我家。他不僅是我和我家的恩人，更是澆季之今世的珍寶。

中學和大江義塾

中學的同學們談其志願目的時，都說要當什麼官，做什麼吏。當官吏是他們唯一的志願和目的，但我却認爲官吏是盜賊、壞蛋，是自由民權的敵人。因此，我討厭他們比他們討厭我還要深，我甚至藐視他們。惟麻煩的是，他們人多，我是單槍匹馬；四面皆是官軍，賊軍祇有我一個人。所以不但不能進攻，而且祇能退守。加以教員中有兩個束髮的「神風連」（譯註一）之餘黨。他倆雖然是忠厚篤實的君子，但在氣度狹小的自由民權者心中，却覺得受其教則有如在向敵人乞憐討糧食，因而深感不愉快。於是在楚歌聲中想出一個妙計，則托詞說服家母，終於逃跑。跑到那裡去呢？跑到在當日魂迷守舊的風塵中，別樹一幟於詫麻（在今日的熊本市內），鼓吹自由民權思想，培養人材的大江義塾（譯註二）。

大江義塾是德富蘇峰（譯註三）先生手創的私塾，所以我成爲蘇峰先生的門徒。先生不僅鼓吹自由民權主義，並且其敎育方法也採取極端的自由放任主義。他不許其門徒叫他爲老師，而令學生們直呼他的名字。因此我們沒叫他爲德富老師，而通稱爲猪一郎氏。課程雖由敎員和猪一郎氏所定，但却沒有塾規。因而塾規乃由塾生自行決定，是爲所謂自治之民。由之大家樂於遵守塾規，勤於學業。曉天踏霜擊竹劍者有之，三更由棉被伸出頭來看書者亦有之。在破塌塌米上，淇水老師（猪一郎之父，德富一敬）摸著白鬍子講解「道德原理」；猪一郎氏則口若懸河地講法國革命史。而且，講到精彩部分時，門徒們有的不覺大聲喊叫，有的起來歌舞，有的更拔劍砍柱子，但猪一郎氏對此近乎狂亂的舉動却並不予制止。我之所以欲脫重圍回去故鄉實不無原因。尤其令我驚奇的是，每星期六演講會的情形。塾生中年長者固不必說，連十二、三歲的小鬼也都是講壇上的演講者。爲演講者還不算，其滔滔之辯實令人驚愕。滔滔之辯還不要緊，他們更講羅伯斯庇爾（Maximilien Francois Marie Isidore de Robespierre,1758-1794）、丹敦（Georges Jacques Danton,1759-1794），引述華盛頓（George Washington,1732-1799），克倫威爾（Oliver Cromwell,1599-1658），論柯布田（Richard Cobden,1804-1865），布萊特（John Bright,1811-1889），揮手動眉，辯來論去，使我這個先天的自由民權者相形見絀。不錯，我是先天的自由民權家；但祇以爲自由民權是好事，知道大將豪傑，賊軍謀反與自由民權不可分割，而不知有其他。既不知道有克倫威爾和羅伯斯庇爾，更遑論柯布田和布萊特？就是上講台也沒什麼話可說。於是遂托病或郊遊爬山以逃避演說。先天的自由民權家，至此實束手無策。

　的確，大江義塾是我的理想國，是比我的理想還要前進的自由民權的天堂。因此我以適得其所而高興。惟對於星期六的演說還是提心吊胆。裝病二、三次逃避還可以，但裝個五、六次就覺得沒意思了。可是上講台後仍然不知道該說什麼，因而爲了掩飾自己的缺點遂作這樣的解釋：爲需要所驅，人皆可以爲雄辯家。事先鍛鍊是藝人所做的事。如此這般，自枱身價纔得以維持做爲先天的自由民權家的價值。這個解釋甚至於變成我的新信仰，進而再變成認爲文章的練習也屬於同一道理而放棄，而我的文章所以這樣差實緣由於此。

我既以演說、文章的練習爲藝人之事，因此前述那些使我相形見絀的辯士墨客，在我看來便都是藝人。亦卽六十多位同學，無一不是藝人。旣然如此，我畏敬他們的念頭，遂一變而爲輕蔑他們的念頭。於是在我心裡又產生一個疑問。則他們雖然口口聲聲自由民權，寫著憂國愛民的文章，甚至公開說願意爲此犧牲其生命，但他們是否眞的這樣想？這是對自己應提出的疑問擬於人，該責自己的問題求諸人。其用意，究竟在發現他人之短以自慰，或者出於見人之醜以掩我醜，我不知道；而祇知道此一疑問掛在心頭致使不能讀書，不得睡眠，終日煩悶。所以我遂請我認爲塾中最熱誠的松枝彌一郎君解答這個疑問。我問他說：「我知道你很熱誠，但你說你願意犧牲生命報國報民，這是你的衷情，一點也沒有私情或者爲功名心所驅，請你坦白告訴我」。他呵呵大笑答說：「人那裡怎麼會沒有功名心？人一切的活動皆爲此。至於我，我渾身就是功名心。」他說出了他的眞心。我聞之大驚，因爲連他也如是。因此我再問他說：「猪一郎氏怎麼樣？」他斷乎答說：「猪一郎氏的功名心比我們的要強得多了。」此時他發覺我有些失望，所以似乎有意安慰我而說：「不要爲這種事操心。生爲男子漢，建大功揚大名死而後已，不必再顧慮其他。」

但他這句話並未能安慰我的心靈。我在心裡想：「說是為國家人民死比較堂皇，如果說是為功名心死，則屬一種利己主義，在這種意義上，他們無異是掛羊頭賣狗肉的詐欺漢；連老師的猪一郎氏尚且如此，其他的人可想而知」。至此，我變成了獨斷的推理家。是卽我不僅蔑視同學，而且蔑視老師的猪一郎氏。不但猪一郎氏，連天下的有志之士，古今的英雄豪傑我也蔑視了。可是，我又自己反省檢討，不知自由民權之為何物怎麼能主張它？不識權利平等之為何事如何能提倡它？這個疑問瞬間就有所決定：卽我是自由民權的奴隸；反比那些揮空淚演說自由民權的同學還要下賤。於是我不得不以蔑視同學的心情來蔑視我自己。因而失望灰心，煩悶憂鬱，而終於廢寢忘食。嗚呼，擲去虛我而眞我未來，我的心有如斷了線的風箏，漂於空中不知其歸所；身如離群之迷羊，呼號於千里之荒野而不知適從。結果是自暴自棄，並以為這五、六十年的俗世算得什麼，任意之所欲，情之所動，了此一生算了。我以欲反照他人的鏡子，反而發現自己的醜惡，由之不知不覺之中插足人生哲學的疑問。

嗚呼，自暴自棄是人間至險的境地。此種人旣無所求，亦無所欲，故無所事事。天下有何物可以敵它。但他不能到該到的地方，不能獲得應得的東西，因而心中一片悲愁，從而產生衷心不可言的痛苦，苦上加苦而生迷，迷苦錯綜拼進終於自暴自棄。這等於說，自棄的衷心有哀哀之情火燒於其中。此情火一旦觸眞機則悅然入道；否則自行燒死而後已。所以我認為自暴自棄不一定是致命傷。這正是死活一髮之岔道，唯有由命運之神來監視他。

我自暴自棄站在這個至險至苦的地點。這是爲什麼？我喜歡酒，因此遂到街上去喝酒；我想吃好東西，所以違反塾規吃鷄肉和牛肉。十六歲的我，已想著女人。如果有錢和有伴，並知道路子的話，當時我很可能上妓女館玩去了。惟一個月祇有三塊錢費用的我，連吃鷄肉、牛肉和喝濁酒都還不夠，那裡有錢去玩女人？不過硬要去的話也不是沒辦法，那就是爲盜。我既逃脫功名心的羈絆，又欲突破道義的壁壘，因此眼中無是非和善惡；加以自棄的烈火，自沒有理由不爲盜。但我終竟沒幹此行，現在回想起來實在值得告慰。

可是，我的自由鄉大江義塾，現在却變成束縛我的不自由鄉。自由民權的詐欺漢群看到我有酒氣就責難我；功名心的奴隸們知道我出入於鷄肉、牛肉店開始罵我。自暴自棄但蔑視他們的我也不喜歡逗留在這裡。因此遂騙家母和大哥說，爲研究德國問題而告別大江義塾前往東京。

自暴自棄的反動

我以所謂自棄的大決心立於紅塵的巷口。命運之神對我不知將如何待之。起初，我找同鄉的朋友並與其同住。此時我所看到的無一不新奇，尤其使驚心的是朋友的變化。首先我吃驚於他的邊幅。不久以前還是短髮敝衣的他，其頭髮竟是橫分，穿的是長到脚心的軟軟的綢緞，桌上正面放著一面鏡子，本如鐵般的他的臉色，變成好像患感冒的幽靈那樣蒼白，一起去洗澡，他竟用肥皂磨臉磨了一個小時。而令我更驚愕的是，他同伴的談話。不久前口沫四濺論說自由民權和忠孝仁義的嘴，今日竟忙於評議妓女、藝妓、射箭場和牛肉店的女人，並且評議結果每每附諸實行。當然他們不知道我自棄的大決心，所以開始時隱瞞我，繼而怕我寫信家鄉告密，故請我保持緘默，最後嘗試拉我合其群。我既有自棄的大決心，而且如果想實行這個決心，他們的勸誘自是最好的門路和領路人，我理應欣然接受。可是我斷然拒絕了。但我却不知道爲什麼拒絕它，而祇知道對他們有一種不可名狀的厭惡感；看他們的樣子和言行就想嘔吐。至此，連他們的臉我都不想看了。於是遂離開他們的住處，寄宿於某私塾，並跟他們斷絕來往。

西鄉隆盛說：「學校之所以育善士，不欲其只爲一村一鄉的善士，而欲其必爲天下的善士。

」。我也認爲學校應該是這種地方。惟我之寄宿於某私塾實另有所圖。則不是爲鍛鍊心胆俾爲天下的善士，更非爲讀書習字以做學者，而是爲了遠離這些討厭的朋友們的風采、談吐和行止，尤其選擇學校而居，完全是由於經濟上的理由。說實在話，是利用育英的場所以節省我的費用。這利用，利用對了。可是我却未能達到前者的目的。換句話說，我雖逃脫了四、五個討厭的朋友，但却遇到了四、五十個同樣的傢伙。我雖由泥中爬了出來，但却跳進了糞坑。是卽這個學校不啻是我一個人的簡便居所，同時也是色鬼餓鬼共同的簡便居處。

至此，我曾幾度感嘆「以爲憂愁的社會却變成可愛的社會」。不自由的大江義塾，和以爲是自由民權之詐欺漢的老同學，現在常常出現於我的夢懷裡。嗚呼，天地雖大，奈何我身。自暴自棄的我再變成不平的動物，三變而爲厭世之人。天地寂寂萬象，入睡之後使我感覺獨我被摒棄於天地萬象之外，從而曾令我再三偸偸地泣哭。

成為基督教徒

當時，大江義塾的前輩荒木三保彥君也在這個學校就讀。我跟他幾乎天天遊覽帝都的名勝，以聊舒心中的鬱情。有一個星期天的黃昏，荒木君又做我的嚮導到各處散步，歸途經過基督教會前面時，他領我進了教堂。我很自然地跟他進去，並聽所謂聖詩。風琴聲音之劉朗，聖詩之清愴，我聽了片刻就覺得心田有如秋宵的天空晴朗。眼看與風琴聲合唱的信徒們的清爽快樂的表情，使我羨慕不已。聖詩的合唱與風琴聲一停，牧師便上講台，他所說的是上帝的存在。我不知道他的講道是否高明，也不記得它的內容，而祇記得因此而感覺似在黑暗中看到光明，和願以此身獻給這個上帝，以及講道末了所念聖經的一段。念完聖經，風琴又響，大家重新開始合唱清愴的聖詩。我陷於似悲似喜的一種不可名狀的感想而欲哭。禮拜完了之後，我以有如在夢中的心情踏出教會的大門，並以同樣的心情到書店去購買聖經和聖詩，更以同一心情回到學校翻閱牧師所念的那一段。「眼睛就是身上的燈。你的眼睛若瞭亮，全身就光明。你的眼睛若昏花，全身就黑暗。你裏頭光的若黑暗了，那黑暗是何等大呢。……所以我告訴你們，不要爲生命憂慮，喫什麼，喝什麼，爲身體憂慮，穿什麼。生命不勝於飲食麼，身體不勝於衣裳麼，你們看天上的飛鳥，也不種，也不收，也不積蓄在倉裏，你們的天父尚且養活他。你們不比飛鳥貴重得多麼，你們那一個能用思慮，使壽數多加一刻呢。不必爲衣裳憂慮呢，你想野地裏的百合花，怎麼長起來，他也不勞苦，也不紡織。……你們要求他的國，和他的義。這些東西要加給你們了，所以不要爲明天憂慮。因爲明天自有明天的憂慮，一天的難處一天當就夠了……。」言言句句，皆宛如兩銳之劍刺著我。句句段段無不爲我生命的泉源，我悲喜交集，終於哭了。泣而讀，讀而泣，我澈夜在悲喜交集中渡過。運命之神似未完全拋棄我。

自暴自棄的我，一變而爲希望的男兒。既發現一線的曙光，自非一下子到達該到達的地方不可。一個星期之內，我幾乎沒睡就把聖經讀完了。全書的句子，皆有如電力在我心裡起作用。「凡看見婦女就淫念的，這人心裏已經與他犯奸淫了。……若是你的右眼叫你跌倒，就剜出來丟掉。……」，這些話使我震慄。而讀到「凡勞苦担重担的人，可以到我這裡來。……誰有兒子求餅，反給他石頭呢。…………」話時，我不覺雀躍。可是，跟我一起住在簡便居所的同學們却不懂得這個道理。他們之中，有的嘲笑我突然用起功來，有的更揶揄我是不是想做基督教的傳教師。嗚呼，可憐的色鬼們，你們不知道除毀譽之外還有道義。我知道有道義。你們不曉得除肉體之外還有靈魂，但我却正在溯此本源。嗚呼，你們不知道在人之上還有神，而我却逐漸在瞭解它。你們自甘爲追逐粉脂之臭的糞蠅，不知道我因爲我心田的春風而自醉。是的，昨日的我已非今日的我。而今日的我既是如此，就是千百罵詈潮弄亦於我無奈。於是我變成宏量的君子，而非昔日的不平動物。

我所盼望的星期天來了。我反而約了前述的荒木君到教堂去參加上午的禮拜，以呼吸新世界的清新空氣；也出席了等之已久的晚間禮拜，以劉朗的風琴聲洗我心田，靜聽清愴的聖詩和牧師的講道。禮拜結束後我恍惚走出教堂，萬感交集準備囘家時，突然有人從背後拍我的肩膀。囘頭一看，是剛才在講台上講道的牧師。我遂向其一鞠躬，他以非常親切的語氣對我說：「您實在該受神之恩惠的人。神一定救您。我住在築地第四館。一問傳西亞就知道。我太太也在這裡，所以請您隨時來玩。關於神、基督之救人，什麼我都可以跟您談。囘去讀讀它，您可以知道神的存在。」他拿出一本小册子交給我。我對他的這種厚意不禁流下眼淚；因不知道該說什麼而祇泣哭對他叩頭。別後，我以有如在夢中的心情囘到學校，更以同樣心情閱讀這本小册子。它題名爲「基督教三綱領」，是簡單說明神的存在、人的罪惡和耶穌的贖罪三個綱目的入門讀本。

翌晨，吃完早餐後我就前往訪問傳西亞師公館。他很熱烈地歡迎我，並介紹他的太太和子女，他們對待我猶如自家人。我曾經聽過一見如故這句話，但迨至今日纔眞正體驗到。尤其受到外國人這種禮遇，使我感激萬分。更何況他替我講解聖經，太太教我初步英語。於是我變成天天由本鄉的共同簡便居所到築地四番地去上課的學生。

時日遷移，以至盛夏，傳西亞師擧家避暑，共同簡便居所的同學們也各奔前程，而祇剩下包括我的無處可去的二、三個窮學生。但我却一點也不嫌熱和羨慕他們。因爲我有他們所沒有的小樂天地。

此時聽聞吾師猪一郎氏在芝浦（東京地名），遂直往晉謁。我對老師因不無念舊的情意，但主要的是，想藉此機會道歉過去曾因自己心意的迷亂而亂輕視吾師的罪過。如今我竟變成這樣胆小，更沒有面對吾師懺悔坦白以自慰的勇氣。可是吾師不但沒有責備我，而且叫我到他身邊，問我近況。他聽到我說正在熱中於基督教而放心和高興，並勸我與他同居，更介紹其朋友小崎弘道師（譯註四）給我，於是我入小崎師之門，每天由吾師在芝浦的寓所到小崎師公館去學習，因而對基督教有進一步的瞭解。

避暑休假時期過後，校門重開，學生們又復歸東京就讀。我離開共同簡便居所的學校，一新身心，就學於早稻田專門學校（亦卽今日的早稻田大學－譯者）。當時，吾師猪一郎氏亦決心留在東京，遂令其高足人見市太郎君關閉大江義塾，於是塾生便相繼跟着老師前來東京，其中亦有不少就讀於早稻田專門學校者。由之，曾在心裡輕視過的老同學，今日又在帝都同居一隅，一起回憶往事而同樂。那時我由家鄉所得的金錢祇有六元，可是經常的月支是伙食三元，學費一元八角，一共四元八角正；所剩一元二角是一個月的紙筆墨費用和零用錢。因此想吃烤蕃薯的零嘴都很不容易。其貧窮可想而知。恰巧同學之中亦有與我同其境遇者。於是聯袂到附近的年糕小豆湯店去商量，請它每月以二元五角包伙，但身仍居宿舍，這樣才好不容易多剩下五角。五角，對我來講是大錢。我心中暗喜此策得當，可是一個月後却被拒絕了，理由是我們的飯糧太大。不得已，轉而與理髮店折衝，幸得其同意，但一個月後又被拒絕了，理由與前者相同。束手無策，遂在豐島村（東京地名—譯者）租得一間六張塌塌米大的小房屋，自炊以塩菜繫命，努力用功。一家五口，皆爲大江義塾的老同學，人稱之爲「五貧軒」。但我自己却一點也不覺得貧窮，因爲我另有生命的糧庫。是卽番町教會是當時小崎師所主持，而我則每星期天到這個教會以聽道，唱聖詩，研究聖經爲無上的快樂，從而向我新的生涯邁進。

秋逝冬去，我迎接了十七歲的春季。有一天，小崎師請我去並說我是否該受洗。受洗固然是我所求，惟我入斯道，乃爲傅西亞師所引進，因而尤以傅西亞師爲斯道之父。我告訴小崎師以此情，並說希望跟傅西亞師受洗禮；小崎師亦察其情而同意我這樣做，並慢慢地對我說：「傅西亞君所屬的教派是浸信教會，其教會政治略近吾派。惟洗禮之義比較麻煩，但其爲基督教則一。你愛怎麼辦就怎麼辦。」我一直不知道基督教也有八家九宗的派別；當我知基督教有派別時實在有些迷惑。我問其理由，並聽了教會歷史的大略後，始自覺我實立於非有所選擇不可的地位。可是我並未經過許多考慮就選擇了公理會。這是由於其教會政治是共和的，信仰綱目是自由的所導致。這似乎是我曾經放棄的自由民權主義的復活。我畢竟離不開自由民權主義。

我經小崎師的洗禮，成爲正式的信徒。亦卽做爲神的嬰兒而爲地上天堂之民。我的歡喜，實無以復加。我爲分享這份歡喜而往訪傅西亞師，告之以經小崎師的洗禮入信徒之林，可是他却很不高興，而喋喋陳說洗禮之義。因此我開始躭憂，爲的是情面而不是教理。但情面終竟敵不過道理。我斷然說我以選擇了公理會而滿足，於是他的臉色變得愈不好，而終於大聲說：「公理會的洗禮救不了你」。我爲分享我的歡喜而往訪吾師，可是我不但沒達到其目的，反而受了一個打擊。這個打擊雖然擾亂不了我的心安理得，但在心底裡却留下了一點暗雲，認爲天堂也非有學問不可。

但是，在我故鄉的家母，年已花甲却還沒聽過這個福音。思念及此，我心裡的春日遂一幌而過，隨之愁雲一襲而來。所以我趕緊回故鄉，向家母講道。與其說是講道，毋寧說是強制其信道。我的信心雖篤，但要用口勸導家人信教，我的學問實在還差得太遠。因此我泣而祈禱，禱而泣訴，以禱告和眼淚終於說服了家母。日後家母曾經對我說：「你的熱心驚倒了我。年小的你會那麼熱心，裡頭必有不同凡響的道理。受此種疑問的刺激而產生種種迷惑，從而終於逃入你的宗門。」在今日，家母仍然是斯道的信徒，其信仰且與年俱篤。而如今我却放棄信教。人生的行程，眞是不可思議。

家母說：「托你的福，我得信教，所以你可以放心到東京去好好讀書。」進而毫不可惜地砍祖先留下來的山林，以爲我的旅費和幾個月的學費，對此母愛我不禁流淚；而我抵達東京時，二哥彌藏及其友人穴戶第君也由大阪來到東京，蟄居麴町的公寓。

不久便是暑假，我遂搬到二哥處跟他們同住，並隨時隨地向他們傳教。可是他們似心不在焉，經常避我耳目，兩個人鬼鬼祟祟地密談。我雖然非常詫異，但沒說出口，祇是拼命傳道，以圖實現我的目的。有一天，我照常勸說二哥，但他却似不耐煩地說：「宗教固然重要，但在我們眼前有一件非常重要的事，因此沒有工夫談宗教。」我答說：「人生固然重要，但還有什麼比我們自己的立命更重要？」並引用聖經的一段說：「『人縱令得到全世界，如失去其生命還有什麼益處？』，希望您深思此語」。他閱讀再三，心似甚動，稍後愁然對我說：「你對我希望的熱湯潑了一桶冷水。我再也沒有棄你的忠言追求我志望的勇氣了。」他隨之吐露其心中的所謂秘密說：「人生在世必須有一代的大方針。我多年來操心此事，迨至最近始有心得。認爲世界的現狀是弱肉強食的戰場，強者日逞其暴威，弱者的權利自由日被蹂躪窘蹙。這種現象實在不容忽視。舉凡尊重人權和自由的人，都應該努力恢復它。今日如果不予防拒，黃種人勢將永受白種人的壓迫，而決定這個命運的，完全在於中國的盛衰興亡。中國雖衰，但地廣人多。如能根除弊政，統一駕御予以善用，不僅能夠恢復黃種人的權利，而且足以號令宇內，佈道於萬邦。這唯有靠能担當此大任之英雄的奮起。爲此我決心到中國去到處物色英雄，得之，我願爲其效犬馬之勞，不得之，我將自任。我且已與一友暗中積極準備到中國。本連你都不告訴，惟因你的勸說，我心神甚爲不安，欲擲去此志望而不得，欲進而不能，你使我進退兩難，陷於五里霧中。」自此以後，他天天携帶飯團和聖經，單身到郊外，晨出晚歸，逐求立命，終於受小崎師的教導，成爲基督教徒，而完全放棄到中國的志望。但由此，「中國」在我心田却留下深刻的印象。

思想的變化與初戀

當時大哥在家鄉養病，恰巧來信要我回鄉。理由是說，近年歉收，家運大傾，不可能繼續供學費。於是我和二哥先後歸鄉，兄弟三人聚首一堂，奉侍家母膝下。

由之，我家頓時成爲宗教哲學的研究所。我和二哥想以基督教說服大哥，大哥則以道理主義應之，家母雖然立於旁聽者的地位，但却時以其體驗爲例來聲援我倆。不特此，附近的青年也逐漸來參加這個研究，連鄰家的兒女，我家的男僕和女用人都絕口淫鄙的俗謠，而歌唱聖詩以自樂和努力於工作。並且每星期天，我更在禮拜中必做一場說教。果然，需要使討厭演說的我變成了能說善辯的人。

至此，家母已幾幾不在乎家運的衰微，而安於一天的辛苦一天就夠了的生活，更引導男僕、女用人和村裡的子女參加我們的討論。因此春風彌漫我家。可是一出我家門，全村統是秋風落葉的光景。數年來的歉收，不僅迫使人們用盡貯蓄，而且連三餐蕃薯飯都吃不飽。加以上繳年貢和繳納佃租米的日期已迫在眼前。貸款者毫不留情地要拿去做抵押的土地，更要帶走農民唯一的財產－馬匹。我還記得很清楚，數十個佃農到我家裡訴窮說苦，向家母哭求減少租糧，其中更有喝酒說粗暴話者。可是對此家母一點也不生氣，而諄諄尋求處理的方法。尤其令我感動的是，大哥對他們所說的一番話。他說：「我們佔有許多土地，令你們耕種，坐食其租糧，自非道理。說實在話，我很想馬上把土地分給你們，但請忍耐再幫助我們一段時間，祇要完成一般教育，踏進社會，我們必爲打破這種不合理的制度而努力，以恢復廣大佃農的權利。現在是它的準備時期，沒有準備，打不了仗。請能瞭解我的意思。」大哥滿腔熱情這樣說，對此他們無以爲答，祇是叩頭流淚。嗚呼，他們的心純而眞，其處境殊値同情。

我鄉村有一農婦，名叫「奧那卡」。比男人能工作，而且是個天生的雄辯家。我曾經因爲聽她的話而一夜睡不著覺。她說：「雖說勤勞者不愁窮，但再勤勞窮的還是貧苦的農民。我十八歲的時候，跟這個老頭子結婚，我們情侶，當時祇有一個鍋，兩個碗，兩双筷子，這是實在話。爾後租得尊府的土地，拼命地工作。令堂知道，到第三年，我們有過四、五十包的米。租糧從未滯繳過。可是情侶在一起不能忍耐，遂生小鬼。於是需要褓姆，經費增加。我祇能工作一半。小鬼感冒，得看醫生，買買衣服。一轉眼，肚子又鼓起來了，雖然祈禱生個死的，但聽小鬼叫一聲降世後却不能把他捏死。因而我連三分之一的時間也不能到田地工作。儲蓄的米，一包一包地減少，以至於全空。再努力也沒有用。在不知不覺之間，又有了小鬼。其中死一個，得埋葬，大家便要來大吃白米飯。因此天天爲借款和利息煩悶，沒有抬頭的希望，永遠是窮苦……。」嗚呼，該先給麪包，還是福音？這是當時在我心裡所產生的疑問。果爾，大哥對於恢復地權的意見如何？

大哥說：「依宗教的安心來安慰窮境不是十全的辦法。慈善的救助是道義的切開零售，是一時的姑息手段。我們必須溯人權的大本以恢復它。」又說：「土地是上天給人類的共同物件。人雖有耕種土地以收其利之權，但卻沒有把它當做用以逞私慾之工具的權利。」他以其所謂道理的大法，反照現今的社會，並欲將其缺陷卽時融化於大法之中。因此他說：「土地本身的性質與人類對土地的權利，都是今日社會外的大問題，迄未獲得正當合理的解釋。如果能對此大問題予以正面而合理的解釋，不僅能夠一變天下貧民的狀態，而且可以改革今日社會的根本，從而始可期待達到眞正的和平與幸福。」由大哥，我得悉歐美社會主義者的主張及其運動方法的一斑；更得知亨利・喬治（Henry George）和克魯泡特金（Alekseevich Kropotkin）的名字。我從他學太多了。祇看見一死人就激起感情，而終於領悟生死之分別的釋迦牟尼，畢竟是耐性的上乘者。我是秉性愚鈍下器之人，不知看過幾百幾千的乞丐貧民，但祇時或寄予一掬之淚的同情而過，或偶爾給予一、二厘以敷衍心機一轉的芳心，從沒把「貧」當做一個問題。天偶然降禍促我回鄉，耳聞目睹貧民的實際情形，尤其因大哥道理的斷定，而在我心田銘刻「貧」這個印象。

居家半年多以後，我到熊本入海老名師（譯註五）之門。然後到長崎，進加布理學校（現今的鎮西學院，在諫早）。加布理學校屬於美國美以美教派，是所謂教會學校。當時有一百多名同學，裡頭有校費生，也有自己工作以得學費的所謂自費生。我在此校初次碰見從未見過的事物，就是爲了做校費生而假裝信教的僞教徒，分別教徒與非教徒以爲待遇之標準的傳教師的花樣，我更目見可謂定期再復活之一種奇怪的復活。可是，我已不是像以前那樣氣度狹小的人，因此能安分守己，靜心用功。我雖然跟他們不同其教派，但我的信仰却非常堅定，自不能與僞教徒同日而語。所以，在教師教徒之間受到厚遇，並曾屢次被勸誘轉教會，但我都沒同意。因爲我覺得，離開公理會的教會政治，就是要放棄自由民權主義的意思。

在這以前，我爲海老名師門徒時，每聽他的說教演講，爲其思想議論之新奇而歡欣，更深恨自己鑽研造詣之淺薄。因此到長崎以後遂決心修練奮發，以神學、哲學爲課外之課，並自修由大哥指引的社會學。焉知由此而竟導致我信仰的大變化。

我爲求知而讀書，讀了知一事，而又生一疑問。我爲得道而默想。想至得一事，而又迷於他想。我爲打破這個疑雲迷霧而奮鬪。如此這般，在理性上，我終於否定了耶穌的神性，但在感情上，我還是希望事神。如服從理性，否定神性，則得脫離教會，斷絕與教徒交往，從而變成不信教自勵自進的人，亦卽非成爲不依靠外力，自力得道的人不可。如果咬緊牙根，決心這樣做的話，一種不可名狀的寂寥感便油然湧於我心頭；更有單獨旅行千里荒原的感覺。但如果仍然信仰耶穌，則祇有放棄既得的知識，恢復無智的境地。這是辦不到的。我既知道以祈禱不能動天地的大法，怎麼能再說什麼「在天的……」？我又領悟人的心性可以練磨得道，怎麼能再求耶穌的贖罪？至此，我的感情和理性遂互相衝突起來。心頭的春景卽時消逝，繼而秋風猛吹。由之，我又變成沈鬱煩悶的人。因此，我便停止讀書，隱遁我的所謂祈禱之山，或哭號叫旻天，自嘲其愚，沉思默想，情激感窮，泣而又呼喊耶穌的救助。如此反覆一個星期，我終於喊道：「眞理在世，理性在我，有什麼可悲？」我遂自勵下山歸校，但內心的疑懼仍然不能完全消失。

此時剛好二哥來信。它告訴我他信仰的變化，以爲我的參考。他詳述其變化的過程和意見。它的主旨始於懷疑耶穌的神性，進而否定它，更以森羅萬象爲默示的聖經，相信他的理性是他自己的救主，研磨鑽究以入自化的大道，這跟我的想法，不約而同。他的信封中還有一信，是朋友藤島君（譯註六）寫的，也是對我和二哥說明其信仰變化的信。它說：「天賜我清閒，反使我有親古之聖賢的機會，默座靜考，對陽明知行之說大有所得，而終於脫離耶穌之門，自拓我道。不知二君近來感想如何？」藤島君，筑前（現今的福岡一帶—譯者）人，號豪咄，軀幹魁偉，膂力絕倫，見識超群，慷慨而有氣節，以東方的事爲職志。我跟他是早稻田專門學校的同學，亦與二哥先後入小崎師之門，因而成爲基督教徒。今日三個人竟同時發生這種變化，，不能說不奇。當時，他因受秘密出版之連累而在獄中，他之所謂天賜予清閒就是這個意思。他早已不在人間，二哥也繼而去世，今日獨我在此世作夢記。不也是夢哉。

我雖決心絕緣耶穌，但在心底裡却還有一點依依不捨之情，迨至讀到藤島君和二哥的信，我頓時似獲得千軍萬馬之援兵，而堅定我的決心。我是依賴性的動物哉。這是因爲我志薄行弱所使然，還是人之常情，我不知道，但我所能斷言的是，在此塵世，最可靠的不是神或耶穌，而是親友。我認爲，最難得最不可得的是知心的眞正的朋友。

此時恰好我又得到一位新朋友。他是出生西方的乞丐叟（譯註七），人皆稱之爲狂乞丐。這是由於他的主張非常極端，行爲過於離奇所致。但他自己却以宇宙的眞民自居，視天下的人爲狂人。他是相信汎神論的極端的自然主義者，因此反對基督教的有神論，憎恨今日的所謂文明。他畢生的希望是，澈底破壞今日的社會，使其成爲無政府的世界，奪取個人的私有權而共有之，取消貨幣，廢止商賈。返回以貨易貨的舊世紀，令世界人類共夫共妻而爲一個家族，萬民爲農夫，爲太古之民。他的理想社會的法律，則以一部生理書爲已足。他不但主張這些，而且在他可能的範圍內實行它。他是非肉食論者，所以從不吃肉；他是自然論者，因此討厭床席而起居於地上；他是共夫共妻主義者，因而時或拉去婦女與之商量男女間之事。我與其說是驚奇於他的主張，毋寧說是驚愕於他的幹勁。世人之所以稱他爲狂人，就是由於他的主張兼實行。世上對於狂似尚未有確切的定義；而像他這種人，恐怕得百年以後纔能判定他是否狂人。

不過我却由他受益不少。卽：助我遠離基督教的迷惘；說明歐美貧民的狀態，令我明瞭隨文明而來的貧富懸殊的弊端；使我由家庭和基督教培養的自由民權論有進一步的發展；鼓起實行主義之德善的勇氣。

當時長崎有所謂製糞社同人。誰命其名，不得而知，社主是佐藤龍藏君，一木齊太郎、鈴木力、則元由庸、本城安太郎等君是它的幕後人；其社員中有白米伯（譯註八）、馬骨漢，雖爲爵祿以下之徒，但皆以一世之奇而馳名，他們天天聚首社主公館，競賽奇說怪論。我以弱冠，時陪末座，奇中捉實，怪中抓眞以自得。有一夕，我告訴社中人以這個乞丐的事。大家覺得非常稀奇，於是要我把他帶來，懇談之後，決定說服我同鄉的同好者前田下學君（譯註九）出資，以設立一所學校，前田君且已同意，並來長崎接乞丐先生，由我担任翻譯。我與乞丐先生到前田君家，住了幾個月，設校之準備未成，警察就有杞憂，則視乞丐先生爲巴枯寧之亞流，遂命其回長崎，因而這個計劃終成泡影。據說，他回長崎之後，官方又命令他離開。爾後，再也找不到他，經過十幾年的今日，仍然毫無消息。先生名曰愛撒克・阿伯罕（Isak Ben Abraham），出生瑞典，是世界的無國籍者。現在，不知他在何天地追求其夢想？

此位乞丐先生確是我無形的大恩人。否，不啻是我無形的恩人，而且是在實際上爲我留下遺物的有形的恩人。這遺物是什麼？就是我的妻女。是卽我在前田家（譯註一〇）做他的翻譯時，與前田家的千金訂了夫婦之約。先生不僅爲我倆造成機會，爲我倆作媒，並且作我倆通情意的電話機。他向我通報千金愛我，對千金稱讚我是稀世的大人物，並勸我倆早日結爲夫婦。我倆終於這樣做，現在且已有三個兒女。但人生道危，行人幾度迷失，情海浪高，行舟屢次迷路。生爲人之夫、妻、子，是否人生之幸福，這自不能立刻斷定；至於當初一刹那的快感，實爲人生稀有的大紀念。此一刹那的快感，足以交換終身的痛苦。此間沒有天地，沒有萬物，沒有生命，遑論痛苦？

話雖如此，我却從未遭遇過這樣強大的敵人。當時，我還沒有處世的大方針。我脫離基督教，不能以福音自救和救人，遂研磨修養，終於相信應冥合於宇宙之大道。我稍讀過書，解理義，因而略有入道的本錢，但市藏、兵吉、奧那卡之徒却沒有。所以我覺得人生的急務在於教育。但他們終日營營，尚且吃不飽麥飯，那裡有餘力受教育？因此我發現教育是時間和金錢的問題。爲此，世上雖有慈善學校和貧民學校，但這是大哥所說的所謂道義的切開零售，站在賜恩的立場，把人子當做乞丐之子者。這是我所不能做的。於是我斷定給麪包是當前的急務。若是，怎樣纔能令市藏、兵吉飽衣足食和受教育呢？我在家庭所受的理想和由基督教所得的知識，使我覺察我是世界的人。狂乞丐阿伯罕使我得知在歐美文明諸國，也有許多人與市藏、兵吉同其環境者。因此我深覺世界萬邦應有改變貧民境遇的政策，而至今尚無其策。加以二哥對我說明世界各國的趨勢，種族競爭的現況，令我明白武裝世界的實情。因而我認爲該有溯人權之大本，一變現世，一統宇內，以安萬民之策，但迄無其策。嗚呼，此事重大。要立其策，談何容易。但立此策乃是求我之立命。因此我求之。求之雖未得，但立策行道，自會遭遇到許多艱難。我且已覺悟終身與其搏鬪。我雖有此覺悟，但却竟爲預想外的大敵橫斷其進路。其大敵爲何？曰：戀情。

我與前田家的千金訂夫妻之約後，顧慮到前途的利害而曾經努力予以抑制，但沒有效果；欲爲她前途的幸福而抑制，但仍然沒效果。我忘記我前途的利害，擲去彼此的得失而聽從此情，並報告家母和兩個哥哥以此事。家母和大哥雖然同意此婚約，但二哥反對。我反二哥意。我的前輩也以志士早婚有害相勸，但我仍未能接受。撫今思昔，滿背冷汗。是即當時的我並非我，而是「

戀情」的化身。何物可敵它？這實在是共夫共妻主義者阿伯罕翁的作孽。嗚呼，今日此翁在何處欣賞著自然？

戀情的結局是性慾的滿足。我到達這個結局之日，正是我抗拒和覺醒之時。我發覺糟糕了。自己覺得犯了滔天的大罪；有如掉下千丈的山洞；似由天空被踢下陰府。我心頭的志望抬起頭來猶如激浪打著我。反對我結婚的二哥和前輩的背影，歷歷在我眼前，似是笑我的天使。我自鞭激起的感情，說要解除婚約；我甚至於叩頭懇求，但還是無效。她的眼淚屈服了我，我曾幾次揮淚，鼓起勇氣，向她力爭，但仍是無能爲力。此時我始覺察女性的眼淚具有不可敵的妙力。

不過我自己反省了，現在我已不是戀情的化身。我明白戀情與志望不能兩立。因此我曾經努力於把她當做志望的敵人，但還是徒勞無功。我應該放棄志望，淪爲戀情的奴隸嗎？但這是做不得的。理性與感情的衝突時代已成過去，而變成戀情與志望的衝突時代。我又開始煩悶和苦惱。三十六計取其妙策，我計劃出走海外，以逃脫戀情的羈絆。於是對她坦白說出我的苦衷，解釋前途的利害，兩人協調結果，決定由我單身遠行萬里。這可以說是很特別的出洋。

我準備先到夏威夷去做工，勤儉儲蓄，爾後到美國去留學。可是我馬上面臨一個難題，就是到夏威夷的旅費。百思不得一策。我終於藉詞拿出祖先留傳下來的佛像，賣給近鄉的富翁獲得三十元，然後到長崎去等著宮川辰藏君（譯註一一）的石灰船。因爲我倆之間，有賣佛像後要同行的約定。逗留十幾天，宮川君未來，却接到二哥由東京拍來的電報。它說「不要他去等我來。」

二哥來後並向我說：「據說你有意到夏威夷，這是否事實？」我答說：「是事實。」他又說：「聽到這消息後我所以趕來，是爲了想跟你好好談談。世上雖不乏才能之士，但依主義，立於至誠者少之又少。遑論志同道合終其一生？我以你爲榮，同時尊敬大哥。最近我已有所決心，並想把此事告訴你，希望你也能把你的想法毫無保留地告訴我，俾共同談論信念和方策，以確立一生的大方針。」在瓊浦（長崎的舊名）胡同的公寓，月白夜更人皆已睡時，我剪燈心，二哥煎茶，難議問答，談了一夜。嗚呼此一夜，竟是確立我半生之方針的值得紀念的一夜。

大方針已定

二哥不僅是我黑暗中的燈火，而且是我一生進路的指南針。他跟我同宗教的見地，亦同社會的意向。亦卽應先給麵包是我倆一致的意見。當我無假如何給麵包的方策，而彷徨於戀愛的旁門左道時，二哥一下子轉其竿頭，到達他最後的結論。他認爲，給麵包之道，古人早已道破。社會改造論、處分土地法案等，全是陳舊的主張。貴在實行。實行之道，唯腕力之權是賴。與此同時，鑑於世界的現狀，他憂慮俄國有以野蠻的暴力蹂躪人道，掠奪淨盡民權之一日。因此，爲人保衞人道和民權，自非依靠腕力之權不可。換句話說，不管要佈人道於宇內，還是保護人權，都急切地需要腕力的基礎。若是，應將其基礎求諸於何處呢？由此，爲其過去之宿願的中國問題因而又復活了。他說：「有人說中國人是尚古的國民，因此不會有進步。但這是不懂事者的看法。中國人以三代之治爲政治理想。而三代之治，乃是政治的極則，跟我們的思想很相近。他們之所以尚古，是爲了邁進一大步。惟現今的政權執政三百年，以愚民爲治世的要義。由之人疲國危，終於自受弊毒之禍而不能自支。這豈不是革命的絕好機會？言論畢竟無用，願你與我冒生命之危險一同進入中國內地，使我們的思想千秋萬世，以中國人的心爲心，網羅英雄，以奠定繼天立極之基。中國如果能復興並立足道義，印度亦可復興，暹羅、安南當可奮起，非律賓、埃及可以得救，較比重理想、主義如法國、美國，不一定是我們的敵人。我認爲，要普遍地恢復人權，在宇宙建立新紀元的方策，捨此無他。」聽完了這番話，我歡欣鼓舞起來。因爲我以往的疑問，由此而獲得冰釋。我一生的大方針，由之而確立。我倆進一步商量其枝葉細節，決定由我先單獨到中國去熟習其語言和風俗，而二哥完成一切準備後也到中國來。另外，我受二哥意，爲了跟大哥商量此事，遂離開長崎而回家鄉。

回到家鄉與大哥見面後，我很詳細地向他報告我與二哥所協定的事，並徵求他的意見。他說在精神上他沒有異議，但在方法、手段上有意見。他說：「要使中國人懂得這個高明深遠的道理，無論如何是不可能的。」又說：「就是可能，要留辮子着胡服，僞稱姓名和國籍以說道，雖然是爲了達到正義的目的，但還是一種權道，這是我所斷然不採取的。既然欲行正義公道於天下，其方法手段自亦應該公明正大的。如果非依權道不能行志望於世，寧可不行它。」我答說：「志在於公，不在於私。成則可救天下萬世，敗則自己就死地。縱令人視之爲權道，於我則無愧。」大哥說：「主張雖不能行於一代，祇要公開呼號於天下，百世之後仍有繼其志者。我倒贊成這種做法。」我答說：「議論已盡。自己的主義應由自己來實行。不然等於百年待黃河清。」我倆的議論背道而馳。我寫信將其經過報告二哥。因此二哥也回來與大哥辯論，但還是沒結果。於是三人分成兩組各奔前程。

我與二哥因而有點洩氣，但二哥却自慰說：「我們的事，本來就是一種打賭。成，一代便可奠定萬世之基，不成，死如犬馬。而大哥的事，有如宗教家開基之法。縱令不能見其成功於眼前，其主張可待時而發。因此，我們不幸白死，其精神仍可由大哥活動於此世。我們三人猶如一身的兩體，應該好好地奮鬪。」我稍微安心自勵，志願先行出發，而二哥也希望我早日動身。但凡事莫錢不能辦。可是我與二哥對此事力量太有限，自非借重大哥的力量不可。遂與大哥商量。他答應說：「錢事雖然不能馬上如意，但幾個月之內必能應你們所求。」幾個月一語，對於急欲辦事的我，本不是「福音」。可是我在心裡，反而覺得高興。爲什麼？嗚呼戀情，我寧願跟你在一起，但當你要俘虜我、抵抗我的理性時，我將不得不與你爲敵。

有一夕，我與二哥議論前途。話後二哥對我說：「兄弟聯袂從軍，爲先人所勸戒，這是鑒於人情之弱點所使然。我們賴於義立於道，雖不會犯這種過錯，但如能加上一位良友，或能彌補萬一的缺陷。」我贊成二哥的看法，並推我的朋友呑宇君（清藤幸七郎。以下常有以特定的文字表示人名，但在初次出現時，除照用外，文中將用其眞名，這樣比較單純而自然——譯者）（譯註一二）以徵求二哥的意見。二哥拍手說：「好！以他的聰明和才幹跟我們合作，不僅能彌補我們的缺陷，而且對大局定有幫助。請你去試試看。」時清藤君在東京。我遂去看他，並向他吐露心裡的密謀。他拍着大腿表示贊成，交涉馬上成功。兩人便先後回去家鄉，並約定待我籌足旅費後，與清藤君先到上海。清藤君是個熱情的人。因此一旦決心到中國，他卽意氣昂揚，不能靜待，所以遂到長崎去學習中國語文。但我的籌款却不很順利，並且生病住院。在住院期間，我的未婚妻偷偷地來照顧我。我懷有大志大望，在病蓐時或感歎人生之不如意。但我却有時候希望病久一點。比諸不在戀愛中的朋友的心切，緩急之差，何止千里？

入夢寐鄉國

有一天，清藤君由長崎回來，並說：「我不想到中國了。擬與二君解盟約。」問其故，他答說：「我在理想信念上發生了大變化。因在根本上與君等不同道，故不能共事。」他以其拿手的辯舌說明其思想變化的經過。亦卽談虛靈有神論之妄，說物質主義之所以合理；以優勝劣敗主義、快樂主義等唯物論做昨非今是之論說。氣量狹小的我，自聽不進去他的高論，但我對他却一句話也沒辯，祇覺人世之無常，帶着大哥給我的旅費，孤劍飄然，往長崎出發。

在長崎等船等了三天。當船出發的前二天，製糞社時代的前輩白米伯來訪並說：「我因一些小錢而將失去面子。請把你的旅費借我一天。」我同意他的要求。但時間到他不能還。再等一個星期。行期再來而又失。我的心已經飛到大陸上空，但亦無可奈何。深居公寓，快快又過一星期。白米伯祇還我三分之一的旅費且說：「用這些先到上海去。過幾天，我一定把剩下的電滙給你。」與此同時，他托我帶一封信給在上海的宗方小太郎君（譯註一三）。我相信他的話，遂乘西京丸往上海動身。航行兩日，望見吳淞。水和天空，天空和水，與雲和陸地連在一起，似浮在陸上和水上者就是中國大陸。這是我久在夢寐間髣髴的第二故鄉。隨船之進港口，大陸的風景便很鮮明地入我眼底，我的感慨隨之愈切。我站在船頭，顧望低徊，不知道爲什麼，我終於哭起來。船終抵上海。我前往常盤館，時爲一八九一年五月，我二十二歲的春天。

我想儘量避開日本人雜居之處，而潛居上海郊外以自修，因此盼望着白米伯的滙款。可是却一點也沒有消息。爲了採取持久策，我搬到小公寓，並因宗方君的協助，僱用中國人來教我語文，我同時繼續寫信向白米伯催款。可是仍然毫無消息。有一天，宗方君來看我並說：「根據你帶來的信，白米伯已把向你借的錢用光了。你身上可能也沒錢了吧。希望你來學校跟我共衣食。白米伯也在信裡曾囑我以此意。」所謂學校，就是日清貿易研究所（譯註一四），宗方君在這裡教書。果然，我被白米伯騙了。

但這個騙對我却是很大的打擊。接受宗方君的好意而寄食於學校，就目前來講當然很方便，不過當時我們視該校校長荒尾精君（譯註一五）及其一班人爲中國佔領主義者的一群，因不同其主義，所以我不肯食其粟。因此，我謝謝宗方君的厚意，而婉轉地拒絕了它。可是我的口袋，眞的所剩無幾了。我實在束手無策。因而決心回長崎與白米伯理論，乃乘輪回國，住進長崎的客棧後，遂往訪白米伯，可是他却不在家。他的家人說：「您出發的第二天，他就到東京去了。」滑稽事，莫此爲甚。無奈，我便寄食於同鄉的朋友，開石灰店的宮川辰藏君處，同時用電報猛催白米伯還款。他的回音不錯，但未見錢來。這樣經過了五十幾日，我終於悄然回家鄉。過幾天，石灰店的老板來信說：「由東京曾有滙款來，但我把它用掉了。」如此這般，我的希望遂成爲一場笑話。

無為的四年

回鄉沒多久，我與前田小姐就舉行了婚禮。人皆云，我是爲結婚而回來的。但知道其眞相者，祇有白米伯一人。可是我並不久恨白米伯。因爲我已經見到了大陸的風光。不過我的好友前輩都爲我憂慮，憂慮我將沉迷於新娘的愛情，隨之意氣消沈，而無用於社會。但我自己却比他們憂慮我更自慮。睡覺有人替我蓋棉被，起來有人替我準備漱口，站起來有人幫我穿木屐，坐下有人替我舖坐墊。我發現今日的我不同於昨日的我，不寒而慄，同時警戒，甚至立於防禦的地位。由是我心中日以繼夜地戰鬪，遑論快樂？可是，我却希望在這不愉快的天地，爲什麼？嗚呼愛情？或許是。但汝（愛情）如果要拘禁我，我將不得不與汝作對。

娶妻成家，不一定是人的責任，也不一定是其幸福，但人之情却追逐它不已。因此，有的貧而成爲一家的主人；有的志操未定就做人家的父母。榮左、奧那卡之所以一生生活困苦，滔滔的才子之所以成爲終身無爲的白骨，其理由在此。我分得三分之一的家產，在本住宅傍邊別立門戶做起一家的主人時，警戒精神上的鬆弛有些動搖，覺得已經達到半生的願望，而在不知不覺之中醉於一家的春日。但不久便發生生活問題。繼而生了一個兒子。我感覺無限的責任。同時覺得可怕。心裡偷偷地想，現在是否人生的危機，英雄與俗人的岐路？喜憂錯綜，成爲一種痛苦。是的，娶妻成家是人生的一大關口。

當時，二哥患慢性胃病在熊本，邊治療邊習英國和法國的語文。而我則與戀愛和生活搏鬥，如在夢中過了三年的日子，惟終於發奮，乃至熊本與二哥見面，並提一計謀說：「天下事，拱手等待是沒用的。應該積極地去碰。弟幸而認識朝鮮的亡命之士金玉均（譯註一六）。他幾乎是無家無國之人。雖不無迷於其故山，但有洞察大局之明，如能說之以大義，示之以利害，使其知道中國問題之所以重要，他或能濶然大悟而離開朝鮮之局部，將其心靈用於中國之命運，全力以赴，以援助我們的事業。我想去說服看看。」二哥聽聽非常贊成，於是我遂直往東京。

王城之南，品海之濱，在洗塵清風都門之處有海水浴場。據說金君避俗客於此，遂前往遞名片求謁。君喜而迎我入一室，在座另有二、三位客人，置酒清談，不覺消耗半日。我除醇酒清談之外，心另有所求而遠自三百里外來此者，乃乘隙告訴有要緊事密談。他輕輕點頭，不發一語。迨至客人離去，遂命下女準備漁舟，乘月明同到品海海上。

金君特地爲我造成這個密談的機會。此機一失，實不可再得。舟子之操艣，漁夫之拉網，爲我倆啟開談話的端緒。我便正座首先表示我有意到中國，其次說明我對中國的看法，我的抱負，與二哥的約定，以往的經過，最後請他全力賜予援助。他對我答說：「今日以後的事，祇有中國。朝鮮不過是其附帶的一個小問題，她最後的命運實有待中國問題的解決。中國不但是關係東亞命運的楔子，或許是關聯世界命運的賭場。你的用心很中我意。」他更小聲地對我說：「我也有遊中國之志。現在大致準備完成，最近並將出發，但請原諒不能告訴詳細日子。我的遊期不會太長，來往可能不出三個星期，請你回鄉靜待我的消息，等我回來之後，再來共籌永居中國之策。但請絕對守密。」其言意皆切。至此，我發現一條生路。我叩頭感謝，並向其敬酒，他喝了之後，大聲唱朝鮮歌，並要我吟詩。此時，有魚跳進舟中。他說這是吉兆，於是把魚放回海裡。及至中宵月傾風起時，合吟月明之詩而歸。嗚呼天心宵上之月，目睹不知眼前命運之人的眞情，不知作何感想？

我以滿腔的希望回到故鄉，並告知二哥以此事。二哥亦歡欣雀躍，暗祝宿志將就緒，而專心等著金君的消息。可是，有如惡夢的凶報竟突然出現於報上。它說：「金玉均氏被洪鍾宇暗殺。」世人皆爲之震驚。尤其我與二哥不敢馬上相信此項報導。遂致電於在東京的金君心復，以照會是否事實。而所得答覆與報紙所報沒有兩樣。但我們仍希望它是誤傳。不久金君的僕人由長崎來電說：「阿父師逝世。」「阿父師」是對金君的尊稱。至是，想懷疑也不能懷疑了。而且又收到一信。情景歷歷，不堪多讀。須知，我們唯一的希望，因爲這個慘劇而被斷送。嗚呼，一場春夢，由之雲消霧散。又該向誰談我心裡的秘密？二人熟議結果，二哥留下來準備賣掉所有的土地，我單獨到東京去弔金君的遺髮，列群送葬。

參加金君葬禮者有一千人，大多是天下知名之士。其中有一位短矮肥胖的紳士。我一見他就心動，但却不知道他是何許人。到達青山墓地，一起小憩於茶店，由朋友得悉此人的行徑後，敬慕欽仰之情愈切，遂托朋友遞名片給他。此人，就是隱居長崎的無名英雄渡邊元翁（譯註一七）。嗚呼，當時焉知此人後來竟會成爲救我們的無名恩人？金君葬禮結束之後，我又有認識一位無名女俠的機會。女俠名玉，出生於北海道，曾慕金君而來東京，當金君要到上海時，曾將其身上一切東西變賣，以湊金君的旅費。我與一友憐其情，而送她回家。女俠揮淚說：「我是個女性，並自不知金先生的志向，亦不懂得世事；您們生前或許有些商量，今後的事，請您們好好處理，並請保重，……萬一有什麼事，請隨時來找我，吃沒問題。我總是得生活在花柳界，……」。嗚呼，當時焉知我竟會依賴此女俠求生路？

金君出葬後，我便回故鄉。但二哥所着手賣土地的事並不順利，所以等着我回去商量。此時天下大勢亦逐漸在變。朝鮮東學黨的氣勢日盛，中（清）日衝突的動機日近。是時出動軍隊，招考翻譯官，調查國民兵，展開國民軍志願運動，天下騷然，人皆以爲會亂。由於我們兄弟皆有到過中國的經驗，因此官方欲徵召我們擔任翻譯官。但我們以中國話不佳而未應其召。一夕，我們圍着火盆談論天下的將來，話餘，我對兩個哥哥說：「這樣下去，有一天我們很可能被徵召去當國民兵。所以不如暫時到國外去廻避。」話還沒說完，家母便滿面朱色，全身發抖而大喝說：「我現在就出去，不中用的孩子！出去!!連農夫的兒子都要去參加光榮的戰爭，而你們却要逃避！我不要你們呆在這個家，三個都給我出去！我對不住你們的父親，對社會沒有面子。如果不出去，我要自殺，……。」大哥對家母慢慢地說：「我們不是吝惜一命而要逃避戰爭，而是認爲現在去當兵打仗，不如等待時機，將來爲國家民族作出更多的貢獻，因此才有這種想法。請母親能諒解。」家母由之冰釋。是的，家母是天下的義人，而我終是狗豬嗎？

我們如果告訴家母以心中的秘密，家母不但不會憤怒，而且一定會高興得流淚。可是我和二哥却連家母都沒告訴；不啻家母，甚至於大哥，也都沒讓他知道我倆的秘密。不僅守密，並且有時候更藉口矇騙家母和大哥呢！譬如變賣土地，說是爲了到美國，實際上是爲了籌措到中國的旅費，而我們之所以故意隱瞞，完全是爲了想變成中國人。

但是，變賣土地的計畫却始終未能如意，而祇勉强典了幾百元。所以二哥決定携這筆款子到東京，我也料理一家後在東京跟他碰面，擺下背水陣，慢慢商討方策。

二哥已在東京出發，我則卽時着手料理家庭。對我來講，這是件非常難的大事。語曰：「坐吃山空」。何況年收五十包米的小家？更何況坐而吃，出而消費？三年之內，負債如山。就是沒有本來的志願，我現在也是該整頓家計的時候了。可是，我却束手無策。我終於接受內人的意見，把房子賣掉，到熊本市去租一座房屋，經營包飯的便宜公寓，以餬妻兒之口。故鄉的前輩笑說：「諒必成爲熱鬧的梁山泊。」果然，我的公寓遂變成天佑俠（譯註一八）的潛伏場所。

我把家庭安頓好之後，前往東京。當時，有一個名叫岩本千綱（譯註一九）者。此人在神戶大事鼓吹暹羅的經綸，迨至聞知中國人在暹羅勢力雄厚，在心頭遂出現一綫的希望，而認爲此處或可以爲萬一時的跳板。我將此事藏之心底，到東京住進有樂町蔬菜店樓上二哥的公寓（譯註二〇），跟他同起居飲食，暗中共商方策。

商訂方策的都是我，至於其取捨則完全聽二哥。此時我提出了三個方案。第一，訪金君葬禮時所遇見的無名英雄，告之以心中的秘密，以求其義援；第二，潛居在函館的無名女俠處，斷絕一切的來往，專學中國語文，學成後帶身上的幾百元直接到中國大陸；第三，暹羅容易謀生，據說中國人佔其人口的大半，因此可以先到此地，習熟中國的語言風俗，在中國人社會中奠定基礎，伺機踏進中國大陸。其結果，我倆終於不得不嘗試這三個方案。

如果我倆積極地求知己於先進的有志之士，公開心中的抱負，以求其援助，或可得到些有心人；可是我倆却不敢相信世上的所謂有志之士，因爲，他們似並不會爲利益與名譽以外的問題而行動。我倆的事，與利益、名譽離得太遠。說出去，可能祇有洩漏秘密，鮮有成功的希望。我倆之守口如瓶，其理由在此。

二哥說：「我先你到了東京，左思右想，不得一策。心中悶悶，不堪其情，遂驅車訪問以高操清節馳名的蒼海老伯爵（副島種臣，譯註二一），問其對中國之將來的意見。老伯爵嘆息說：『中國之事在其人。有一人傑，天下事一朝可定，否則祇有滅亡。現在並無此人傑。眞是可悲。』他並對其所謂人傑論說：『今日，以李鴻章爲清臣的巨魁，但李已老，且其器亦差曾國藩遠甚。曾確爲近世卓出之傑士，曾籌劃中興之偉策，但終未能伸其志。嗚呼，能擔當今日局面者，該是漢高祖以上的人傑；唯有等待身具西洋學之漢高祖的出現。可惜，目前無此人物。嗚呼我亦老矣。惟有坐待友邦之衰亡。』我悲其情，而油然說：『不肖不敢以漢高祖以上之人傑自居，但願先生勿憂慮。』由此，我略爲透露心中的秘懷。老伯爵起而握我手說：『好的，希望你好好爲此努力。但請你不必給旁的人講。與現今有志之士商量有害而無益，因爲目前並無達識憂國之士。』老伯爵對當今有志之士看法如此，與我倆不謀而合。但女性比較有情。若能說之以至誠，或會感奮而取義，何況與金玉均有因緣？你去試試看。」我遵命當夜搭乘由上野車站開的火車前往函館。是即我倆看北海道的一個藝妓遠比天下有志之士還要重。

到達函館後住進一家旅館，遂寫信求見女俠。女俠親自到旅館來看我，並問我來意。我重整儀容，坦白告訴我來的目的。她欣然答應並說：「你們一定有你們的原因。你們這種看重下賤的我，……房子雖然小，但有二樓，家裡衹有老母和我，因爲很靜，所以很適合於用功。你們吃的問題，我可以負全責。請你們放心，……。」我感激得幾乎要流下眼淚。

翌晨起來，徘徊市區，遍尋中國人的語言老師，惟因際會中日戰爭，他們皆不願意居留敵國而回到其祖國，衹有回國的旅費無着落的最下等的人留在此地，因此沒人具有教師的資格。女俠亦替我們百般設法，但還是沒結果，無奈，遂不得不謝其厚意而回到東京。女俠深爲我的事齟齬而不安，所以特地到旅館來向我告別，並贈之以似餅乾的匣子。我在船中把它打開來看，竟是金君所嗜好的許多外國香烟。另外還有一個紙包。打開一看，有些錢在裡頭。這是何等的盛情。而現在，不知女俠的近況如何？我眞是辜負了知己。

遠征暹羅

回到東京之後，將其經過報告二哥，二哥也非常感激女俠的厚志，並鼓起勇氣站起來回顧我說：「一心徹天，海亦可翻。去罷，去說服無名的英雄。」遂聯袂從二哥的公寓出發。

銀座街頭西服店伊勢幸裡頭的二樓，雖有車馬人聲，但却自成爲一個塵中的另外天地，而這裡就是無名英雄的臨時住處。主客鼎坐，所談何事？二哥的談話，聲音微小，但却意義高朗，主人的無名英雄正其威容靜聽着，而我則在心裡祈禱着其成功。說畢，托其大事時，他開口慢慢地說：「你倆的志望非常好。可惜，我的時機還沒到。如果能給我一些時日，我必能應兩君之所求。你倆之意既然是想先學中國的語言風俗，最好能暫時忍耐住進中國商店，斷絕與一切日人的往來，完全變成中國的掌櫃，待他日我的時機到時進入目的地，以從事所志願的事。你倆如果沒有異議，我願意爲你倆介紹。」其義氣懇情，溢於言表。我倆謝其高意，並請他給予一天熟慮的時間而離去。

我與二哥的意見，不出一小時就得出結論。即：二哥隨無名英雄的高意進中國商店，我則到暹羅去打定基礎，兩個人分爲兩路各奔前程，等到基礎穩固，將來的進路有便時再來合流。於是，我倆遂往訪無名英雄告訴我倆的結論。他非常高興，因此即時請橫浜某中國商店來辦理手續，給予二哥以白熊的別號，令其着胡服留辮子，從而揷足中國商賈之群。從此以後，二哥與其朋友完全斷絕來往，就是家人也不告訴其地址，知道它者祇有四個人：二哥自己、無名的恩人、伊勢幸女士和我。當時，有幾個朋友曾經問起二哥的事，但我都說不知道。其罪責固然不輕，但如果得悉連家人都沒告訴的話，我相信他們會原諒我的罪責。

我由東京到神戶，乃是爲了與岩本君接洽到暹羅的事。他說：「最近，我將率領移民到暹羅，請你能趕上。」於是我趕緊回鄉準備，然後再到神戶去看岩本君。那知此時他竟患重病瀕於瀕死之境。

將近一百人的移民，都在等着出發。可是主角岩本君的病却日重，不知何時始能動身。加以醫院院長說岩本君的生死難斷，因此，介紹者廣島移民公司遂困惑萬分。不特此，幾家報紙都異口同聲地對岩本君開始做人身攻擊，說他的事業不可靠，騙子的成份大，所以移民公司鑒於前途堪憂，和爲目前的情勢所迫，擬將移民目的地變更到夏威夷，因而與岩本君等一派發生衝突，從而成爲移民與移民公司的衝突，紛紛擾擾，不得解決，徒遷延時日，不知何時能出發，因此我決心先單身到暹羅，爲告別岩本君而訪其病蓐。

曾經如鐵的岩本君，現在竟瘦得如絲，躺在病床。他看到我向我點頭，並向護士用手勢要水，沾點水之後勉强對我小聲說：「我的身體如此，生死不可知。念念不忘的是將辜負暹羅農商務大臣的重托，……。」語斷不能繼續。又喝點水而好不容易又動口說：「據說移民的大事已經變更要到夏威夷，其餘的二十幾個人則堅決主張要到暹羅。我想天未棄我志。請你能替我率領他們到暹羅，與暹羅農商務大臣斯里薩克侯爵（譯註二二）和我殖民公司同人商量，以奠定殖民的基礎。如能這樣做，不僅是我的幸福，也是日暹兩國將來的幸福。」我為此言所動。一直對他言行有些疑惑的我，沒有工夫去問其曲直，而聽從他的意思。是即動人不必完全靠口才。

我決定以岩本君的代理人率領移民到暹羅，而依照法規，移民公司亦非設一代理人不可，因而將此托我。他們從經濟觀點用我，我則以旅費所剩無幾，機會不可失，遂以月薪四十元，加上一百元旅費為條件接受它。我領薪水過活，一生中祇有這一次。不久航期確定，紛擾亦獲得解決，移民公司職員與高采烈。公司董事，請我上福原（地名－譯者）第一樓。這是我初次上青樓買春。

藝妓侍宴，歌舞正盛，醉來興至，人漸就寢時，同遊的一個人對我說：「因你的承諾，公司得放心，同人由之皆入悅而忘連日之憂，現在如果你一個人溜走，恐怕會掃他人之興。因此請你勉為其難在這裡住上一夜。」我答應了他。他又對我說：「不過我們到此地來，是為了給你送行，不是想餵以穢肉。你是立志將踏上遠征之途的人，如果食穢肉得病，十年志望將敗於一夕，所以為你我將潔守一夜，請你體諒我意也能忍耐。」我贊成其意，並約之以一定守約而就寢。可是，為忍慾我整夜不能入睡。翌晨出席酒宴，前夜相約的人對我笑着說：「對不起，我終於未能守約。」大家隨之哄堂大笑。但我却以能忍耐自負。不過我的自負，一天之後竟告吹，眞是丟臉之至。

若是，我的公寓生意如何呢？我妻兒的生活怎麼樣？我憂慮它，我的深憂至悲，不堪其情。因此，我抄送梅田雲濱觀音堂（譯註二三）的文字給她，也寫信給前輩的野牛介（譯註二四）君，請他照顧我家，以聊慰我妻和自慰。我當時的心情確是如此。可是一旦由青樓回到旅館，却又覺得不堪幽居靜處，坐不住而感覺忘記什麼於青樓似地。我雖努力於反抗我心，但其反抗力量却甚爲薄弱。遂喝酒找朋友再到青樓，摘下一枝花。一次不能作罷，去之再三。這樣做，不知道爲什麼，我並不覺得慚愧，我的道義信念竟到那裡去了？

出航前夜，我到移民住處，集二十名志願赴暹羅者於一堂，試探其決心。我說：「暹羅之地，我還沒去過，一切事，我都不清楚。而世人所說者也不足信。其成敗，惟有到彼地始能驗證。諸位此行，皆是爲了利益，亦卽希望早日存錢，早日回國，俾與父母妻子安樂餘生。既然如此，自應前往情況已明，而不危險的地方；不要到成敗不明的蠻地。但我到暹羅，與諸位不同其目的。爲了使諸位不後悔，我現在特地請諸位再次考慮。如果諸位之中，有希望變更到夏威夷者，我願意替諸位與公司交涉，所以請諸位能在今晚之內作最後決定。」衆人說：「我們都喜歡跟您一道去。萬一沒賺到錢，算是去參拜了神社。無論怎樣困苦，我們都不會有任何怨言。」我又問他們：「沒賺到錢或可算是參拜了神社了事，但如果喪命怎麼辦？」他們答說：「沒關係，沒關係。不過爲此我們曾經跟公司吵過架。死也好生也好，我們都將服從先生的命令。」淳朴一徹的意氣，的確非常可愛。由之，我的意氣亦大振，遂買酒祝其決心，乘醉幌來幌去，唱着「明日要走依依不捨」，而又往福原第一樓走去，以貪春宵一刻的美夢。我移情別戀了嗎？不是的。我欲恢復人道的初衷究竟往何處去了？

最容易令人入迷者是色道。愈抑制它，它會愈高揚，愈發作。這是出自人類自然的性情，應該服從它。但我不可以這樣說。這樣辯解，實等於爲盜而說是默借。所以辯解也沒用。我雖然已經脫離了基督教的羈絆，但在當時我還不是阿伯罕共夫共妻主義的信徒，也不是摩門教的徒弟。否，就是他們也不會認爲玩妓女是好事。那時我雖幾乎已不相信當日的道德論，但却也非認爲是好事而實行它；祇是爲一片的情慾所驅而致此。我可以說是乘無信之縫隙而洩漏其情慾的小盜。

世上最難征服的是功名心。如果在右邊防備它，它便出現於左邊，如果把它往前面推，它便躲在後邊。此心乃出自人類自然之情，應該大成它。但我不可以這樣說，這樣辯解，實等於殺人而說是刀之所爲。因此辯解也沒用。當時，我雖然已出思念之境而開始實行，但其心係出自恢復人道的根本，欲使天下幾億蒼生人人獲得麵包，所以不容有絲毫私心。可是我的心却在不知不覺之中遠離根本，我的身走着其道路，但我的心却跟它背道而馳。我預測暹羅事業的成敗時，常常夢見白衣白馬將軍率領一隊的中國人，在中國大陸猛進的情形。夢見此景時，我便大聲喊叫快哉而出入於杜康（酒的異名—譯者）之門。反此，想像中國革命的艱難時，常常夢見白衣之將倒於敵人毒刄的情形。夢見此景時，我便唱着「管它去深草帽」上青樓買春。嗚呼白衣白馬之將，這不是眞我，而是功名的我、浮泛的我。我還不是立於順逆之外實行所信的人傑。若是，浮泛的我纔是當時的眞我。的確，我具有一線之光明的志望；可是我却欠缺合乎它所要求道義信念的素養。亦即心不副道，意與志乖離，不能並進。因此，祇有靠酒色來鞭策功名之心，勉强走着其道路。酒、色，或許是我一半的生命。

出發神戶，航行五晝夜抵達香港，換船到暹羅，與幾百中國工人同船。這是被人視同禽獸的所謂苦力的一群。他們之污穢情形，連我這一行的老百姓都不肯接近，可是我却不禁要熱愛他們，因爲他們是我欲托我一生的中國國民，是我欲用之於恢復人道的國民。祇要我對他沒敵意，人皆是我的朋友。他們很快地就跟我親起來。他們的言行非常天眞。他們問我那國人。他們看我個子高大，留長頭髮，所以有的人認爲我是朝鮮人，有的說是琉球人，彼此爭個不停，我說我是日本人，他們却覺得有些驚奇。一個人問我是不是要去遠征暹羅，另外一個人說是否爲了要逃避中日的戰爭？其中有一個似乎比較懂事的人，好像要協調我與他們之間，而用中國英語說 “Last month China Japan fight all right. Yes now finish. Japan king say. I spend money so and so. China king say, I am poor, can not pay money. Japan king say, then I will take Taiwan. China king say, all right! all right! You take Taiwan. You and me brother no like more fight. Japan king say, all right ! all right ! I will stop fight. Yes all finish, now finish! 他論和平條約的終結，暗示希望恢復交情。這是被視同禽獸的苦力所說的話。他們使我得到安慰，因而忘記航行八天的痛苦，安抵暹羅。

嗚呼大陸的風光，何等地相似。陸地與水連在一起，一望無際；湄南河的濁流與波浪合於海面；青草綠樹綿延千里彩色曠野，完全與以前我在上海所看到者沒什麼兩樣。滿目風光，令人追念山田長政（譯註二五）當年之事。連疲於長日航旅的移民，也舉目高喊快哉，感慨萬千。

船溯湄南河二、三小時旅程處，便是暹羅首都曼谷。我一個人先上岸到石橋禹三郎（譯註二六）君處，出示岩本君的介紹信，並告來意。他說：「岩本這個傢伙實在太不負責任。爲殖民公司的要務回國，已過半載竟還不回來。所約各事，一件也沒履行，因此失去斯里薩克侯爵的信用，被商人沒收契約金，信用金錢兩失，束手無策，終於於上個月不得不把殖民公司解散。所以，做爲殖民公司的職員，我不能參與此事，但以個人身份，我願意幫助你。」言行活潑，宛如一個古時壯士。然後他開啤酒，祝我安抵目的地，並率二、三個部下來船，一起轉乘小舟溯湄南河支流，穿過棕梠芭蕉下，到達曉鐘庵。

曉鐘庵是農商務大臣斯里薩克侯爵的舊公館，是借給日本殖民公司使用的地方。雖然舊，但並沒壞。規模宏壯，足以容納一千人。在侯爵身邊的下臣，都非常親切誠懇，而由此也可見侯爵愛護日人。一行望其前途，意氣倍於前日，遂到市場去買菜肉和中國酒，宴請石橋君及其同人，以為到暹羅的紀念日。當時石橋君的吟聲朗朗，劍舞的情形，歷歷尚在眼前，而今日，其人已不在人間。噫。

殖民公司既已解散，自不能令移民從事當初所預定農業方面的工作，惟因石橋君等殖民公司有關人士的介紹，二十個移民得以在造船公司工作，纔得免於饑餓。我除做他們的監督和翻譯外，也從事殖民事業的調查，迨至大致瞭解其情況後，感覺此事業之有前途和必要；而與斯里薩克侯爵見面以後，欲重建殖民公司之念因而更切。

斯里薩克侯爵是暹羅的貴族，武官的出身，在老撾（今日的寮國—譯者）的戰鬪立功，遂被任命為陸軍大臣，後來漫遊歐洲，企圖走私炸藥被發覺，且被同族譭害，幾乎喪命，惟國王對其信任殊厚，因此特赦其罪，並令其特任閒差的農商務大臣（在當時是算閒差—譯者）。他的為人熱情，有膽量，位雖居閒職，但却忘不了英國和法國的怨恨。他很憤慨其國人始終不能有所作為，故遂自己出資創設殖民公司，請來日本人，企圖重建暹羅，惟事與願違，而解散其殖民公司。其心事不能不說可悲。可是，他却並不因此而喪其志。

我到沙拉田（曼谷郊外的平原—譯者）訪問斯里薩克侯爵公館，他非常高興，並把我引進一室，慰勉我遠道而來，爾後愁然對我說：「貴國與敝國之交誼，其由來遠而深，自不始於今日，而貴國的現勢却有如旭日之東昇，敝國的狀態則宛若秋風之落寞，其命運，幾乎不可計其旦夕，請問：貴國擁護朝鮮的精神，不知將到何種程度？」談到其殖民事業時，他對岩本君的所為不但沒有任何怨言，並且以其失敗爲借鏡而說：「貴國如果有人願意投資與辦殖民事業，我將予以全力支持。我雖貧但還有這座房子，如果把它賣掉，可得十幾萬元，我願以此作爲殖民的費用。」嗚呼清廉之吏常貧。斯里薩克侯爵是暹羅大臣中最貧者。其意氣竟是如此。我之所以決心回國完全是爲了這種原因。我的目的是，想說服廣島移民公司，令其重建殖民事業，與斯里薩克侯爵大成此業。

可是，最易變的是人心。曾經發誓要跟我共浮沉同生死的二十個移民，爲了日本醫生某人所誘掖，而懇求要去做達爾拉克鐵路工程的工人。理由是它的工資高。而其工資之所以高，是因爲瘴煙毒霧不適於某些人，所以連土人也不肯去做。過去曾經有日本人去工作，但却都中瘴癘之氣而死亡。因此我堅決反對他們去，並百般說明其利害，但還是無效。我責他們以其在神戶的發誓，他們祇說對不起對不起和低着頭，而始終不表示要服從我。可悲的眞是土百姓。他們爲眼前的利益所炫惑而忘記自己生命的危險。我以千言萬語不能說服他們，故遂向他們宣稱：「因爲尊重諸位的生命，我纔這樣苦諫。可是諸位却沒有回心之色，我的厚意已無用武之地。因此我要以公司代理人身份向諸位說一句話。絕對不能去。不聽命者，請與我和公司斷絕關係。」我並對他們表示我有意回國，和重建殖民公司，由之大半的人回心決定不去，但其中有六個人還是要走。這些人對我把違反我的命令要到達爾拉克以後，縱令發生任何不幸事件，決與我和公司無關寫成文書，而與我斷絕關係。

他們雖然與我斷絕關係，但還是很尊敬我。我亦能體諒其情，所以不願意太責備他們。我且備酒菜歡送他們，並予以注意和安慰他們說：「我之所以接受諸位的絕緣書，是爲了盡做爲代理人的責任，但我個人與諸位的關係自是另外一個問題。諸位去了之後如果有得病情事，請隨時回到我的事務所來。我一定盡全力幫助諸位。如果我回國不在此地，請求助於柳田亮民君。他定會替我幫助諸位。」他們聽完這番話後哭了，並跪拜我，可是他們都並不因此而改變其主意。但他們並非不懂義理，因爲他們一再向我道歉；他們更非不知情，因爲他們跪拜我。他們都很懂得這些。懂得且還要投身毒霧瘴癘之中，無他，就是爲了錢。不是爲了錢，而是爲了盡孝父母，爲了要跟妻子一起生活。這是他們的生命。嗚呼，豈非得已。

柳田君（譯註二七）是移民中的知識份子，在神戶與他初見面時，我把他當做一個煽動移民意圖營私利的人，因而面責他以鳴其非。迨至交往漸深，纔知道他是一個怪人。他說，他曾隸僧籍，因讀釋元恭（譯註二八）傳，感動纔到暹羅。我深愧前日的誤解，由之信睦更篤。於是遂將後事托他，我一旦回國，以計畫殖民公司的重建。

回國中的三個月

我爲了向廣島殖民公司提出重建暹羅殖民公司之議，遂由門司直往廣島。惟廣島之地，我從沒到過。由於我的容貌風采與衆大不相同，所以，常被不熟的旅館所婉拒。此行又怕發生這種情事，便令車夫自行選擇，但請他不要上大旅館。車夫遵命，故作威勢，把我帶進一家小旅社，大聲喊叫「客人來了！」馬上出來一個下女。她看我嚇了一跳，沒作聲，又跑進去。我以爲完了，但又存一點僥倖之心，沒有立刻離開。隨卽有一個婦女從隔扇間隙往這裡瞟着。她是我命運的判決者。吉凶如何？下女又出來了。她的臉色顯示吉兆。果然，她恭恭敬敬雙手扶地說：「請上來。」我遂被引進一室，成爲此家的稀客。我這種順利住進旅館，是絕無僅有的。若是，這個我命運的判決者是誰呢？不說也罷，這是我懺悔的前提。

我當天就到移民公司，力說暹羅殖民之事。他們似有些動心，並說將召開董事會以作決定。於是我便不得不等其開會的結果。但我却不覺得無聊，因爲有人陪我喝酒，更有女主人的厚情。

武田範之、大崎正吉（譯註二九）二君是我的老朋友。當時他倆曾因連累朝鮮王妃暗殺事件下獄廣島，但已獲釋，因此天天到我這裡一起喝酒。新話舊談，層出不窮。興至而吟，醉來歌唱大崎君最得意的「仙台節」（節是曲調的意思―譯者），唱得並不好；武田君拿手的熊本民謠，也很差；惟其不好和很差，反而令人不堪懷舊之情。這眞是歌曲以外的歌曲，音律以外的音律。醉後，武田君拿起筆贈我法名曰：騰空庵。我不懂它的意思，所以請他解釋。他又提筆寫道：

騰騰騰古今　空空空天地

獨步天地外　向上何妙意

我還不能深明其意，遂請他再說明一次。他笑着說：「絕命前一秒鐘，人都會悟入。麻煩麻煩，算了罷。」他又舉杯與我痛飲。女主人坐在我傍邊替我倒酒。她的厚遇款待，不同尋常。二君嘲笑我說：「這個年輕的寡婦對你有意思。」可是我却疑她是某方面派來的奸細，因而我要他倆小心言論。他倆也同意我的看法，所以也開始提高警覺。而爲我命運之判決者的她，以其對我們厚遇款待的報酬，反而變成要我們判決她的命運。人生的行程，眞是危險。

在這以前，我一到廣島便給在橫濱的二哥寫信，以報告我的回國。二哥回信說：「辦完事後請來一趟。」而在我還沒辦完事情以前又來電報說：「馬上來。」是時我一個錢也沒有。於是女主人借我幾十元，我遂趕到橫濱，二哥竟病在床上。眼睛窪下去，兩頰往下垂，有如另外一個人。他說他的病是慢性腸加答兒和精神疲勞。他看到我趕到，遂起來並說：「呀，見到你，我的病好像要好了。」又說：「別後，我邊工作邊學習英、法、中三國語文，因爲太用功纔致此病。操之過及，則有損於事，或指此而言。」他端出牛肉，溫酒給我，自己也乾一杯，吃了兩三口，談入輿，忘其病和時間的經過，而至凌晨，我倆互相擁抱睡在病床上。翌日我到東京訪問二、三位先憂之士，向其游說暹羅殖民事業，惟當時大家所關心的是朝鮮問題，因此沒人予以一顧，我祇有飲恨吞淚回到橫濱，又與二哥擁抱在病床上睡一夜，次晨早飯後想告別，但二哥却似很不堪其情地嘆大息說：「呀，不要走。話雖談得差不多了，但還是覺得依依不捨。下午纔走罷。」然後在笑臉上汪着眼淚說：「好像女人說的話。大概因爲隨體力衰弱精神也衰弱了。不過多躭誤半天沒關係罷。」我接受了他的建議。浮生半日之談，涉及哲學宗教、經綸方策、人情世事，談笑之間，時間快到了。二哥換好衣服站起來回顧我說：「現在想跟你到公園傍邊的西餐廳去吃中飯後再告別。」我勸阻他，但他不聽，並說：「你來了之後，我的病好了。故請放心。」於是倚拐杖出去門外。嗚呼在西餐廳樓上，喝日本酒吃肉，這是二哥給我的送行，而不知道它竟成爲我倆永訣的離宴。我倆互祝前途光明而分袂，時爲一八九五年的最後一天。

我搭火車到神戶，然後坐船抵廣島，這是元旦的事情。我與諸友幾乎喝了一個晚上的酒。此時的野君來並說：「我有一個朋友名叫末永節（譯註三〇），希望跟你到暹羅，故請你順便到我家約他。」幸好殖民公司的事亦已有所定。但移民公司的一個董事却來對我說：「時機還早，請稍候。」並給我幾百元旅費。我知道有困難，所以沒有勉强他，遂決心到若松去。若松是的野君的故鄉，末永君在那裡。我動身的前夜，女主人帶同兩個下女到我房間來睡。瓜田納履，自非得已。

到若松後與末永君見面，告之以的野君之意。他襟懷磊落，談吐自然，心無城府，議遂決定，約好大約日期以及在長崎碰頭後，我便回到故鄉。

我家族仍然在長崎繼續經營便宜公寓，因此在故鄉荒尾的祇有大哥的家眷和家母。如果我心裡沒有一點顧慮的話，此行必很快樂，而恨火車之如牛步遲遲不前。當然我的心很急，因爲我相信若果我給他們談談暹羅獨特的風俗習慣和種種，他們一定會非常高興。可是假若他們問起二哥的消息，我則無以爲答。想到此地，我眞很想從火車上跳下來。但火車却不解其情，載着我一半歡樂，一半憂愁，在不知不覺之中到達了目的地。

可是家母却爲監督公寓事業到長崎不在，惟有大哥、嫂嫂及其子女在家。大哥問我暹羅的情況，又如我所料問及二哥的消息，不過他問得很婉轉。這或許是由於他對我和二哥的舉動有所覺察所致。我隨便答覆他，但心裡却覺得非常難堪。尤其大哥之不徹底追問，更使我加倍痛苦。我藉嫂嫂替我端來的酒，把重點放在暹羅，故作鎭靜，匆匆告別，而到了我的公寓營業所。

公寓營業所有家母、內人和兒子。我由千里的蠻邦歸來，現在聚首一堂，喝酒聊天，大家都忘記多年的憂煩，而興高采烈。可是，欲喜上求喜，乃是人情之常。家母看到久未見面的老么的勇健，自難免想念另外一個兒子。於是家母遂問我說：「你哥哥在什麼地方做什麼事？跟你有沒有通信？這次在東京見到他沒有？」嗚呼酒哉？我唯有藉酒力來瞞騙家母。世上雖有迷愛子女的母親之心，但如果沒有酒力，我實在無法這樣自然地撒謊。嗚呼酒哉。當我欲撒謊而躊躇時，使我大膽成爲撒謊者的是酒；當我發生利害之心時，給我捨利就義之勇氣的也是酒；當我產生偸安之念時，令我奮然勇往邁進的還是酒；當我失望洩氣時，叫我憤然蹶起的更是酒。是卽因爲有此酒纔有此夢。對我來講，夢和酒是一體的，是不可分的。

是的，酒是我唯一的好朋友。藉它我騙了家母，爲我家庭帶來了春風。可是這裡却有一件事使我心痛，就是我妻有外偶的傳聞。家庭的春風和酒醉，都因此卽時雲消霧散，我的心幾乎要死。心既然幾乎要死了，自無理性和主張可言。可是我却力保冷靜，以確認此事之眞僞。但還是無效。我自不能在半信半疑之間處理這件事。怎樣處理纔好呢？我幾乎要發瘋。我想到她使我成爲不貞婦女的丈夫，令我的兒子變成不貞婦女的兒子，使我母親兄弟成爲不貞婦女的母親和兄弟時，就是吸她的血，吃她的肉還是覺得不夠。我的情火不斷地燒她。把她燒盡，加上心中的悔恨時，我心頭油然產生一片的可憐憫愛之情。過於可愛而憎恨百倍之情，及至此時我纔領悟到它的眞義；同時也經驗到在其極憎極惡的裏面，還隱藏着熱愛至憐之情。亦卽愛憎交互達其極，在我心裡互相反噬。至此，我心失去光明，彷徨於黑暗街巷，終於成痴發狂，我的一生似盡於此。當時，我的心幾乎達到這種地步。我無緣無故向她提出離婚書。此時無天下，無生民。我祇想帶兩個兒子到山裡去過一輩子。而當我妻在我面前叫寃枉時，我也出聲跟她一起哭。迨至心田逐漸恢復舊情時，憎恨之情又如潮水湧上來。如此這般，我在心裡殺了她，又令她復活。我的心亂如麻，氣昂如虹，欲越過煩悶苦惱，跨過狂界的門檻。家母的忠言，大哥的忠告都安慰不了我。此時從長崎來了一通電報。打開一看，是廣島旅館的女主人打來的，它說有急事，要我馬上去。嗚呼這通電報，誠是一服結緣劑。我讀了這通電報之後，纔獲得自我反省的機會。因爲給我電報的，是一夕與我有過情愛的人。我懷疑，我是否有資格强制我妻守節？如果我與我妻調換位子會怎樣？是則縱令我妻有過不義的行爲，我也沒有責備她的權利。何況其眞僞還不明白的現在？這是我最後的結論。而這也是爲什麼我們夫妻的關係能繼續到今天的原因。

我認爲，夫婦是强制終生貞操的一種冒險事業。而我在這冒險事業蹉跌了。由之我的愛情已經不能像以前那麼濃郁。酒量徒增，從而成爲專走花柳界的人。如果欲殺嫉妒之心，勢必輕視夫婦之情愛。輕視它自不能安，於是酒、花柳都來了。這是不是人情的安抵點？嫉妒的本性如何？戀愛的繼續，其廣義、狹義如何？我能解釋這些疑義，回到人性的太原之日，纔是我能恢復與我妻舊情之時。

在這以前，我與朋友平山周君（譯註三一）有同到暹羅之約。因此他來公寓看我。我與大哥商量公寓的善後策，結果決定將家眷搬回故鄉荒尾村，遂將後事托大哥，與平山君到長崎，投宿福島屋，以等待末永君來。不久末永君來了，我的小舅前田九二四郎也趕到。一行四人，閉居樓上四個半塌塌米房間等著船。而目前的難題是廣島旅館的女主人。

她爲什麼來？我跟她雖有過一夕之情，但對她的疑念仍然如故。而與我同行者也都懷疑她，認爲她或許是愛我而來，或許是警察的鷹犬。我也有點怕她和懷疑她。可是她却悠然在我們之間談笑遊興。於是大家的疑念愈來愈深。有一天，她對我說想跟我密談。我倆遂到另外一個房間，相對而坐。她端然正容說：「我想請問您的高見，……惟事關係我一生，所以就是不同意也請您能守密。」我答應她。她問我說：「您也許不缺錢用，但既然要做事，自需要錢。換句話說，錢愈多，愈容易早日完成大事。我沒問目的就說這種話，您或許會覺得我太冒昧了，但我愛上了您……不是爲了您的外表……自希望您早日成功………。可是，我是一個女人，一個不敏的女人，當然沒有力氣來幫助您的大志，不過却可以金錢來幫助您。祇要您同意，一個月之內可得二、三萬元。我一定保證做到這一點，但對我本身您將怎樣打算？……要由女人的我來賺得二、三萬元，自不能用普通的方法。因此我要跟您商量我的去路問題。……當然我知道您已經有太太，所以不是要您跟我結婚，而是想請您把我帶到外國去。絕不會增加您的任何負担。祇要到外國，就是做妓女我也要自力更生。能不能幫我這一點？」

我不知道如何作答，而問她將用什麼手段籌款。她端然又要我守秘密，並說出其所謂的秘密。我一言就予以拒絕，並說：「我雖急於實行我志，但我不能以不義之財速成它。我很感謝妳的厚意，但却不能接受妳的厚意。」她說：「我知道了。」從此，她沒再說什麼。一夜，我們大家擠在一起睡於四個半塌塌米房間。嗚呼此一女英雄，現在在何地踏著其激浪。

長崎是我和二哥的恩人、無名英雄渡邊翁的僑居地。我跟朋友在旅館等著船時，大起商議前途的方針，夢想其將來，談哲理宗教，甚至於有人從壁櫥搬出棉被在其上面坐禪。傍觀者都以爲我們發瘋了。我跟平山君時或喝酒，末永君和前田君則比賽吃羊羹，好像大家都不認輸，而常使下女吃驚於我們的健談。在福島屋樓上四個半塌塌米房間，時或發出有如破鐘聲音，震驚四處的是末永禪師的喝句；叫出喁喁之聲使人勾起愁心的是平山君的苦吟；而舌戰之聲響於樓上樓下者爲羊羹派與酒派的競爭。人稱之爲四個半塌塌米房間的梁山泊，誠非虛言。除此而外，我也去訪問過無名的英雄，拜謁這個恩人的溫柔的面孔，也與胖胖跟家母很像的恩人的母親聊天，更和天眞的兩位公子玩笑，幾乎忘記了憂患。

如此這般經過數周，無名的恩人派人來請我去。一見面，他便交給我一封信。這是在橫濱的二哥寫的，對我這實在是無上的吉報。這是二哥見到一個中國革命黨人的新事實的報告。他很詳細地敍述著它的經過。現在我把它摘記如左：

別後老病復發，而躺在病床上，有一天，知心的傳教師帶同一位中國人（陳少白—譯者）來看我的病。由於抱病，所以什麼話也沒談，迨至病癒，爲了答禮訪問傳教師，並問那位中國人的來歷。傳教師似也不是很清楚，而祇知道他是南清改革派的一個人。於是問他的地址，到那位中國人的寓所去求見，他非常高興，請我到客廳去坐。我謝謝他來看我，他說他由傳教師知道我的種種，而心中對我懷有敬慕之情，彼此寒喧一番之後，話題遂自然而然地轉到中國問題。他努力於要問出我的想法。但我說我祇是一個商人，不懂天下事，以避開其所問。因此他便開始喋喋清國政府的腐敗，說明民間有志之士的意向，論說革命之不可避免，我高興得幾乎要跳起來，但我還是忍耐，靜聽著他的話。他又向我提出政治主義的問題，我祇答他一句話說，我是信仰四海兄弟論的人。他喜色滿面，歡迎我這句話。同時喋喋對四海兄弟主義加以解釋。他說，東西聖人的意志，皆在這一點相通。可是在事實上，這個主義與現實離得很遠，而能使它與現實接近的就是革命。在中國，革命已經有其萌芽，你爲什麼不去幫助它。至此，我纔發覺他是革命黨的一份子。此時，我實在很想說出我的眞心，但還是假裝冷靜，所以他又拼命設法想問出我的意見。我正在窘於作答時，恰好來了兩個中國人，他遂說對不起，而到了另外一個房間。該房間門外，用英語寫著Private room，可見這是他們密談的場所。這時，中國人的茶房端茶來，我順便問這個茶房那個人是做什麼的，這個茶房睜大眼睛，比著手說，那個人很偉大，想打倒中國之王做不到，最近逃到這裡來。由之我推斷他是孫逸仙的一夥。隨卽三個人一起出來，我便乘機回家。總之，我們對中國的推測之正確，於此獲得了證據。否，時機或許比我們所想像的還要迫切也說不定。因此，現在不應該再做其他的事了。暹羅的事情，適可而止，並趕緊回來。想跟你談的事太多了。今日趕快告訴你此事。

一丈多長的信，字字有朝氣，句句躍然紙上。對房屋的構造、室內的佈置、主人與客人風采態度的描寫，令人猶若親歷其境；由此亦可窺知二哥如何地興奮。讀之，眞是感慨萬千。無名的恩人，等我讀完了信後悄悄地說：「看完了之後，最好燒掉它。」於是我遂把它燒掉。他又要我回信。我便寫成大致如下之內容的信，以回答二哥。

讀您的信覺得高興得坐不住，何況身臨其境與他（陳少白—譯者）見面的二哥，一定不勝歡欣和感慨。可是，回想起來，此人對初見面者既敢透露其感慨，又願意與二哥議論，其心中必然在尋求日本的同志。其結果是可以想像的，不是△△，就是○○，則必落在所謂包辦反叛者的手裡。若是，煞費苦心的大業，將落在日本浪人手上，這是顯而易見的。如果這樣，對其本人固然非常可惜，而他們的心又急，所以就是予以忠告，他們是聽不進去的。因此，最好由我們暫時罷手，以靜觀其言行。我們既然一直隱藏我志，自不能在此一舉與包辦反叛者合作，同歸於盡，假如這樣做，將是我們終身的遺憾。我的預測，就是不中，也不會離得太遠。而且，這不祇是我個人的見解，也是渡邊先生的意見。二哥如果同感，請暫時忍耐，遠離可憐的中國義士，以期他日之大成如何？小弟的心已在橫濱天空飛翔，惟已搭上這條船，實無法馬上下去。我將儘快處理暹羅之事，改天與您商量拙速主義的方策。敬祝二哥身體康健。

嗚呼，將心氣沮喪之我的軀殼，由公寓抬至長崎的是平山君；寄予同情之淚安慰我心，倡奇說怪論予我以一道之生氣者爲末永君；光景日日轉變，使我無假顧念憂患的是四個半榻榻米的梁山泊；關閉自棄失望之門，嚴加監視我的進退者則爲無名的恩人。是卽令我持續奄奄之氣息者，不外乎是上述的四個因素。而鼓起我活動之氣力的是二哥的來信。老實說，由於二哥的來信，我的生命纔得復活。可是，我的覆信似乎縮短了二哥的壽命。他如果旦夕與其所思念的中國人來往，披瀝其鬱積多年的襟懷，以鼓動自己心中的春風，或許不會死得那麼慘。但是，他却嚴格地固守了我信中的意思，以至於死。嗚呼，這是我與志向的罪過，二哥不會怪罷。

然而，我猶愛沒愛的我妻，欲信不誠實的我妻。斯心足以使我洩氣遠征暹羅。何況二哥有來信？二哥的信，激起我心，但却也令我氣餒到暹羅。當時，如果沒有快活而志同道合的朋友們，我或許停止了此行也說不定。況且等船已經等了三十天，再下去，祇有令人望洋興嘆。

因此，一行諸君早已開始覺得無聊。梁山泊也日暮途窮。此時來了一班輪船，但它不載下等船客。我們沒有其資格，祇有拱手等着下一班船。至是，無聊變成不平，不平發爲詩歌，由之凋零的梁山泊又啟開一新生面。末永禪師乃作不平禪之句，曰：

超然風骨立塵緣　　書劍牢騷廿八年
自笑半生窮措大　　上乘參破不平禪

當時，暹羅櫻木商店的山崎君，回國正在長崎。我天天與他來往，一起喝酒，他更介紹一位名叫八戶君者參加我們一行。不久來了一船，行期亦決定。由之，一行的士氣大振，大家分別取加上南字的別號。末永君曰南斗星，平山君號南萬里，前田君叫南天子，八戶君命南櫻生，我名南蠻鐵。人人皆意氣高昂，自認爲是一個志士，其氣勢，實不可擋。我置身其中，忘憂出發。動身前，原田君作長篇送一行。末永、平山兩君和之。但大家都不記得其內容了。隨即搭乘美國郵輪加利克號往香港啟程。

第二次遠征暹羅

船抵達香港時，正流行着黑死病，各國輪船皆不由此地載客，而解禁之日亦不可知，因此大家皆嘆行路之難。

不過，行路之難是大家所覺悟的。銀行職員兼日暹貿易商的八戶君自當別論，其餘四個人都是個子高大。如果在房子裡關個十天，旅館費會愈來愈多，糧道將絕，勢必進退維谷，洞若觀火；不如橫斷廣東、廣西，經由安南入暹羅，這纔是男子漢快心之事，末永君口若懸河，其意氣猶要衝天的論說。平山君贊成他的意見，前田君亦因會暈船而支持此說。可是我却帶着二十個移民，如果贊同陸路徒步之說，恐怕遷延到達暹羅的時日，辜負做為代理人的責任。所以我提出暫時擱置末永君的提案，並先行與船長直接談判看看其建議，大家都贊成我的意見。於是我與八戶君擔任交涉委員，坐小舟到孔明號。

我倆向船長說明理由，懇求他同意我們搭便船。他說此船預定迂迴汕頭、新加坡而至曼谷，如果這樣沒關係，他同意我們的要求，但他希望我們留意不要給警察看到。我倆回到旅館去報告交涉結果，大家都認爲，事非得已，現在不能嫌繞路，應該去應該去，議遂一決，並乘黑夜搭船。

不消說，一行是最下等的所謂貨客。迂迴汕頭、新加坡而至曼谷的船費不過十二元，其內容如何，自可想見。按照順路，船先往汕頭。天空突然出現黑雲，呈現險惡狀態，九龍港頭掛上紅氣球，以警戒沿岸。船離開香港後，果然碰上颱風，淒愴不可言狀，遊子之意氣頓時消沈。八戶君有如半死人；前田君猶若大病人；曾經以小舟衝激浪逐巨鯨，自稱絕不暈船的平山君逐漸變其臉色不敢動；往年做過水手而自裝內行的末永君也搖頭不吃飯；獨我一個人多走多吃，跟平常沒什麼兩樣，因而使他們四個人大失光彩。船停止航行，在海上漂流一天一夜，及至風平浪靜，船纔再度航行而進汕頭。

可是，前途還是遼遠，行程仍然困難多端。亦卽一難去，又來一難。我每想起自汕頭到新加坡的當時情況，每次都必不寒而慄。

在汕頭，一千多名苦力湧上船來的情景，實在值得一提。他們爲了爭一席之地而互相打來撲去。看這情形，末永君拍手喝采，猛叫這批人他日大有可用，而大家也同感。他們甚至於侵到我們的地盤，此時曾經拍手喝采稱快的末永君，竟欲拔刀以對，但爲平山君所制止。我想拿來六尺多的長竹竿，也爲船長所阻擋。迨至座位定後，靜心一番，宛然豬群的攤子。此時八戶君小聲說，遠征家的辛苦，唯有遠征家纔能體會，此言旣可憐又有理。

最初的痛苦是不能動身。其次是鴉片的臭味，臭蟲的襲擊，和放屁的噁氣。八戶君早又變成半死人；前田君大聲哭叫不能忍耐。因前日颱風的餘波逐漸高漲，船開始大爲搖擺。嘔吐之聲，有如戰場的喇叭響於船的上下，拚命裝肚子的苦力，到處亂吐。猪群的攤子一變而爲蔬菜店的競賽會。有過猛虎之勇的他們，竟成爲有若青菜。有人隨地小便；更有人用事先帶來的竹子筒大便。這個竹子筒倒下來，大小便和嘔吐物成波流在船內。加以放屁、鴉片的臭味，赤道直下的熱氣，其苦實在不可名狀。前田君終於喊叫不行了，末永君用鼻子聞着寶丹，祇眨着眼睛，八戶君還是個半死人。我與平山君到了甲板上，時値夜色暗澹，下着細雨，睡在雨露底下的苦力，宛如散落在戰場的死屍，眼睛無處可看，脚無處可蹈，而一時，立於門傍，覺得很想喝一口水時，忽然在眼前發現一大籠的生蘿蔔。這是天之所賜，不受則將遭禍，於是顧左右而趕緊偸取，好快的動作；靜靜地咬了一口，其味道之甜，實無以形容，我和平山君，吐了一大口氣，呀，甦醒了。是卽惟有嚐過這種苦的人，纔能知道它的眞正味道。不過，地獄裡也有佛。出發汕頭的第三天，船將要通過安南海面時，船長特地爲我們一行備了特別座，禁止中國人與我們雜居。至此，大家纔有復活的感覺。末永君燒茶給大家，大家都說味道太好了。平山君站在船舷唱說：

茫茫宇宙古今同　獨依舷頭感慨中
雲起碧空曾不盡　潮生蒼海更無窮
幽襟好照天心月　散髮任吹水面風
不識明朝何處到　鵬程萬里一孤蓬

這是眞情、實境，自不是平山君一個人的感想。

人會隨環境而改變其感情。這是具有軀殼者所當然。半個死人的八戶君，已經滿面喜色；常常抽鼻涕的前田君早已開始神氣起來；末永君的雄辯；平山君的朗吟，個個似皆變成了明星。亦即自接受了船長的厚意以後，長崎四個半榻榻米的粱山泊遂再度出現於船中。而八戶君帶來的罐頭商品，免費贈送，所以銷路好得不得了。

船抵達新加坡後，一千多名苦力統統上了岸，我們也登陸訪問了大井馬城君（譯註三二）的公館。大井君陪我們到旅社扶桑館，備酒菜款待我們。他抱着美女（？）摸着鬍子，喝啤酒，吃生雞蛋，意氣傲然論東方之經綸，談論蘇門答臘之開墾，其氣勢簡直大有令血氣方剛之壯夫失其面子之概。這也是旅途中的一大快事。不知大井君現在是否還有當年的意氣？

自新加坡到曼谷的期間，船中一直為我們一行的獨擅場。尤其風平浪靜，航行四天，大家凱歌而達曼谷。可是，天還給我們更多的慘痛。是即我們上岸到了事務所時，竟看到二十名移民之中，有十七名病倒。據說，我走了以後，他們皆到跟我絕交的那六個人的地方去做鐵路工，以致陷於這種慘狀，而好容易才逃到這裡。其中甚至有瀕於死亡的邊緣者。因此遂經人介紹，將病重者送進慈惠醫院，輕者則在事務所服藥。也有併發霍亂症者。我即時把他送到醫院，並任翻譯和看護。我眞是不堪煩悶和痛苦。何況腰包日輕，更何況兩天之內死了三個人？其悲慘，更不止於此。

人生如朝露，這是誰講的？我每想起八戶君的去世，必嘆人生之無常和迅速。我現在還記得很清楚。到達暹羅第三天的黃昏，一行的朋友皆受八戶君的招待。酒宴正酣時，磯永海洲君（譯註三三）唱「宿次歌」，柘植吞海君唱法界節。末永君的吟詩，平山君的假聲，皆乘興而出。我也搬出我得意（？）的祭文，使在座者哄堂大笑。誠實的銀行職員但却不懂世事之貿易商的八戶君，則紅着臉笑得不成樣子，並大叫太好了。由之大家忘記回家而縱談放吟。我也忘却身上的痛苦以盡歡。而回到住處時，已經是深更半夜了。那知此夜的主人，隔天竟離開了人間！

第二天早晨，櫻木商店的工友送來了一封信。打開一看，是吞海君的字。它說：「八戶君自今晨三點鐘左右開始嘔吐，身心衰弱，情況非常惡劣。他要我請你，因此請你馬上來。」我趕到時，吞海君在厨房，正在燒紙張。我問他爲什麼？他說：「八戶君要我燒文件，他大概知道他將與世長辭。」我趕緊到樓上八戶君病蓐，他完全沒有昨天晚上的面貌，眼睛窪下去，兩頰乾涸，早已不是今世之人。目睹此景，我旣驚愕，又廢心，同時知道他的確患了虎列拉症。但我故作平靜，問他怎麼樣？他睜開眼睛，舐舐嘴唇，輕輕動着舌頭說：「我已經不行了。你好不容易把我帶來，但一切都完了。你要回國時把我的骨頭……可以罷。想跟你談的是……」聽他這樣說，誰不流淚？但我却加强語氣鼓勵他說：「不要這樣想，嘔吐在暹羅是家常便飯的事。想得太多而說些不爭氣的話是會被人家笑的。」可是他却搖着頭說：「你雖然這樣說，但我已經沒脈搏了。旣然沒脈搏自不會有希望。」我遂摸他的脈搏，確實如此。他的身體有如冰，毫無體溫，祇有粘粘的脂汗。我嘴上雖然說他很好，但在心裡還是覺得他實在不行了。因此我暗中授意吞海君，請他再邀醫生來，同時請他通知其他同行的二位朋友以此事，我則單身坐在八戶君的枕頭傍邊，幫他擦汗，用扇子搧他。此時他看我說：「請把桌子上的信拿給我。」桌子上確有一封信。信封上頭用鉛筆寫着「給我母親」，其下面有他的署名。嗚呼這是遺書。我邊說是不是這個，邊把此信遞給他，他點着頭，拿去後並用鉛筆加寫什麼，然後再把它封上，交給我說，他死了以後，馬上把它寄出去。至此，我實在坐不住了。這時醫生趕來，並說八戶君的壽命不會超過今日黃昏。不久，同行的三位朋友也趕到，而跟我一起坐在枕頭傍邊照料。我替他們利用片刻到醫院去看病危的移民，回來再上樓時，八戶君已經是另外一個世界的人了。

我們在八戶君遺體傍邊守靈守了一夜，海洲君也來陪我們。天亮，到寺院把遺體燒後，再隔一天纔把遺骨撿回來。嗚呼，昨夜宴請我們，一起盡歡的他，現在竟變成墓地的雲煙。跟他同宴的我們，眞是不勝感慨。

慘劇仍然繼續不斷。因爲六個得病的移民，與八戶君先後去世；醫藥糧食日趨減少；末永君和前田君開始瀉肚子；到內地探險的平山君，到期還沒回來；移民公司對我們的請援一直不給回信；我自己，更患了虎列拉症。

以往，對於所謂天命，我都認爲是欲死心的理想，祇是一種理想。因此在事實上還不能死心。因爲不能死心，所以心裡非常不安。目睹怕我的病名而逃跑的移民，我深感無情。回想移民和八戶君的死狀，我愈感覺凄涼。狗遠叫，人的聲音，身邊一切事物，全是我悲傷的媒體。我恨天地，悲我身，大感寂寥。

寂寥之感，終於變成牢騷的夢想。我要這樣死去嗎？如能以中國大陸爲枕頭……橫濱的二哥呢……故鄉的妻兒呢？家母和大哥呢？……無名的恩人呢？……牢騷一大堆。妄想更多。身心幾乎要崩潰。哭嗎，像女人，發瘋，怕被人家笑。眞是，人快要死時還有榮譽心，煩惱之狗，再趕也趕不走。拚命斷它趕它，精疲力盡而睡了，睡了又醒，醒了又想，疲倦了又睡，睡了又醒過來，最後心情一變，漂流在妄想之海。苦惱煩悶，不知所措，我甚至想自殺而後已。但還是作罷。誠然，我欲狂而太過於理智，但却又欠缺達觀生死之明。我之所以苦惱煩悶，其理由在此。

當時，我口袋裡祇剩十幾塊錢，付了五塊診察費之後，跟病移民和病友連稀飯都吃不成了。我的病症，日本人之中所犯者，按照過去的實例，是十死一生。所以在數理上，我已經是一個死人。因此，我亦服從數理的命令，請醫生給我診斷。但我在心裡，却一直在求生。我看到海洲君匆匆進來，又忙忙出去時，我恨他是一個無情輕薄的朋友；等到不出十分鐘目見他陪醫生來看我的時候，我則在內心拜他。柳田君疲於看護，發出鼾聲時，我以爲他是無情的傢伙；可是看見他又醒過來，悄悄地爲我量脈搏，抓我脚皮咋舌頭時，我却又覺得悲傷和感激。服藥三日，毫無效果，隨柳田君的提議，爲了舉永別之離盃，喝了一杯冰黑啤酒，其味道之好，至今不能忘。此時，我纔克服苦悶。我死心了。於是睡了個好覺。清醒過來後，精神爽快。柳田君說：「臉色好多了。」我終於沒有死。兩天之後，我倚拐杖訪問了海洲君，使他們夫妻驚奇不已。同時聽其勸告，開始吃麵包和牛肉，這是我病後初次吃東西。是卽海洲、柳田兩君可以說是我再生的母親。

如上所述，我的病是這樣恢復的。這時在橫濱的二哥來信催我回國。可是我的健康却還沒有完全康復。惟平山、益田（譯註三四）兩君一行還沒回來。大家都說：「給猛獸毒蛇吃掉了。」病移民的大半都早已逃到新加坡，剩下的祇有四、五個半病人。他們病癒之後，亦將離開此地。如果這樣下去，世人或將不究其原因而馬上認爲整個暹羅不適於殖民，若是，這個事業將永遠「報銷」。我雖有二哥的勸告，但還是不能卽時回去。我的心雖已在橫濱天空，但仍不能擺脫義理和人情。不久，平山君和益田君回來了；末永君的瀉肚子也停了。因而有一天大家聚首商量將來的方針。末永君說：「如果這樣就干休，不要說殖民事業，連斯里薩克侯爵的熱望也將爲烏有，這豈非千秋之憾事？但農民是不可靠的。所以是不是由我們四個人來大事奮發一番，親拿鋤鍬，從事耕種，試作一收穫期，以奠定殖民和理想鄉的基礎。」大家都拍手表示贊成，此事遂有決定。

可是，當前的問題是糧食、試作地和農具，糧食問題決定訴諸於海洲君的俠義，於是由我和末永君訪問海洲君，以進行交涉。他一口答應。至於試作地和農具，則惟有懇求斯里薩克侯爵的幫助。我便帶同翻譯造訪斯里薩克侯爵公館，以說明我們的決心。此公甚至於同意借我農房。我們的歡欣，不言而喻。大家因而勇氣百倍，遂脫掉西裝、鞋子，換成汗衫和草鞋，有的牽牛，有的扛農具，其光景宛如一幅古畫。搬好了家，共舉酒杯慶祝，帝力庵的新粱山泊，於焉問世。末永君有句曰：

負郭一茅堂　躬耕志自高　壁頹侵雨氣　屋破見星光
倚義男兒俠　拯危天下狂　夜深膽宙宇　斗動劍騰鋩

他又有風月窗之句曰：

久爲書劍客　磊塊鬱橫腔　志在澄寰宇　義當扶舊邦
黃金誰得買　國士價無雙　高臥且間適　結廬風月窗

當時留下來的移民也都到草堂來。但這些人既已氣喪，自沒什麼用，而專事爭吃牛肉。獨柳田君一人，始終與我一起拚命工作。插秧得等雨期，這仍需一些時日。我們雖有海洲君的俠義，但他創業尚日淺，自難以長期爲我們提供糧食。爲了另闢糧道，我與諸友告別暫時回國。豈知由此在我身上竟發生了變化？

在這以前，平山、益田兩君到內地探險，其主要目的在於調查山林事業。平山君說一反地（九九一・七平方公尺）有二、三十棵朱檀，益田君却認爲有三百棵，兩個人的報告雖然懸殊很大，惟它是不必化錢的山林，當然是很有前途的事業，因此大家決定來作這項事業，所以我和益田君遂同船回國。海洲君幫我倆購買到香港的船票，三個人聯袂回到祖國。

嗚呼二哥已死

我們三個人都很喜歡喝酒，船中不堪無聊，不借酒講解祭文亦屬可笑；禁酒之誓約破於香港，而竟互相推諉其罪過，眞是好笑。到領事館去商量借錢，寫旅館費的借條，交涉搭煤炭船的便船，各人分頭去處理各人拿手的事，而好不容易抵達門司趕到若松時，竟是七年前的夢。

我到若松訪問的野君，是爲了完成對於亡友的義務。我遵從八戶君的遺言帶回其骨灰，而我之所以訪問的野君，是爲着向其借旅費，俾回到長崎以便把骨灰交給八戶君的遺族。豈知在此我竟得悉我家人的壞消息？

的野君看到我遂把眼睛睁開得大大地說：「你知情而回來的罷。」但我却不知其所云，而祇知道他的言容與平常不同。於是我反問他。他說：「聽說你哥哥（二哥—譯者）在横濱住院。」我吃了一驚，因爲人家已經知道二哥在横濱，可見其病勢之嚴重。我告訴的野君我要卽刻到横濱。的野君說：「稍等，他的病並不嚴重，聽說最近要出院，因此是否先打個電報？」他沈思一會兒又說：「據說你母親也生病，正在你故鄉的醫院，不過好像完全好了，所以請放心。」他的話雖然輕，但其意却甚重。我稍稍不知所措，不知道應該先到那裡去；最後我決心先回故鄉。

回到故鄉，有大哥、大嫂、甥姪、我妻和兒子；而家母和大姊則在醫院。家人祝我安抵家門，並就家母和二哥的病況說：「母親兩三天之內可以出院，二哥的病也日趨好轉。」大嫂且拿出兩封信對我說明道：「這是大約十天前來的信，其筆跡雖然有些衰弱，但兩天前來的則寫得比較粗而有活力。信裡說，一星期以後將要回來。明天哥哥要去爲他滙旅費。」大嫂把信交給我看，的確，二哥的字寫得相當有力，不像是病人寫的。它說他幾乎恢復了健康；但又說，他的身體虛弱，不能擔當大事，因此擬回鄉隱居大谷的山莊（乃父所有地－譯者），終身與農夫爲伍，二哥這句話使我非常掛念。那知這是他安慰我們的謊言，而所謂要隱居大谷的山莊，就是卽將與世長辭的意思；所謂回鄉的旅費，乃是其出殯的費用。不是神仙的我們，自不知其所云。所以我相信和高興其所言；而在故里過一夜後，翌晨我便和大哥到熊本醫院。

世上最天眞的，莫過於不知眼前命運者的舉動。我到醫院見到家母時，其歡欣之狀，實無法以筆墨來形容。過去的痛苦，統統變成現在的歡樂。家母給我看她腹部的傷口，說明生病的經過，談二哥的病況，並說四、五天內能夠出院。我對家母報告以後的種種，而當話談到獲得九死一生時，家母非常震驚，並回想以往的不幸，夢想卽將到來的一家的春風，認爲這樣大家的災禍已成過去，同時感慨萬千地鼓勵我們兄弟說：「我以爲二哥永遠不會再出現了，可是據說四、五天之內就要回來。你們弟兄三年不在一起了。這次你應該多休息一下，然後再去做事。你們弟兄祇有三個，無論什麼事都應當好好商量，一起從事。二哥回來的時候，我們請村裡的人來慶祝一番。

在這中間，大哥爲家母辦好了出院手續。我告訴家母以亡友的遺囑，並說，必須馬上到長崎，家母很同情亡友的遭遇，而欣然同意我即去辦事，同時要我順便答謝曾經來看過家母病的朋友們。於是家母和大姊遂回故鄉。當然，我們都不知道二哥的生命在於旦夕。

我和大哥在車站爲家母和大姊送行。然後到了親戚家。在還沒喝完一杯茶之前，突然來了一位故鄉的朋友。他看到我們弟兄，一句話也說不出來，而遂由口袋拿出一張紙給我倆。它竟是二哥病危的電報，是橫濱的朋友野崎君打來的。這眞是青天的霹靂。我和大哥立刻驅車到車站，追趕家母後塵回故鄉。

隔天凌晨，我和大哥離開家鄉到大牟田，換乘火車到橫濱。行程大約兩天兩夜，氣鬱而不交一言。抵達橫濱後，大哥纔開口說：「到醫院呢，還是到朋友家？」我心裡覺得來得太遲了。因此答說先到朋友家。於是坐車趕到野崎君（譯註三五）寓所，在其門前看見其妹妹站在那裡。她看到我倆遂跑進其家中。我以她的舉動來判斷凶吉，以爲我們趕上了。我們到達其門口，野崎太太出來迎接，其態度非常沈着，其妹妹坐在傍邊，微微含笑。我還是認爲是吉。端來了茶之後，野崎太太默默地與我們對坐，但我不敢問凶吉。大哥也沒說話。不久野崎太太開始流眼淚，低着頭，以很小的聲音說：「非常可惜……前天早晨終於……遵照他的遺囑把它移到品川東海寺……大家都在等着您們來……請趕快……。」我和大哥坐車趕到火車站，然後搭火車到品川。

在品川車站，有四、五個朋友來接我們。我和大哥有如綿羊之被牽至屠場，跟他們到了東海寺別院春雨庵。幾十個親戚朋友在那裡。在其一隅，有白木的長棺。不消說，二哥冷冰冰地睡在那裡頭。野崎君令我和大哥透過玻璃面會二哥。漆黑的頭髮往後垂，其周圍且有一寸多長，閉着眼睛，兩支手放在胸前，從嘴唇縫隙可以看見雪白的前牙，其狀雖呼之欲應，但其實是二哥的屍體。大哥對我私語說：「爲什麼頭部周圍的頭髮不剃掉？」我不知道應該怎樣答覆他。

野崎君拿出一封信交給大哥說：「這是死後在其枕頭底下發現的。」封面寫着「我母親、哥哥」，其下面有他自己的署名。打開一看，祇有一首短歌。它說：

大丈夫誠心所作木弓
未放就死確悔恨非常

嗚呼，二哥如何地欲放其木弓，恐怕惟有我和無名的恩人才知道。野崎君又出示一封信，這是二哥寫給野崎君的。我還記得其全文這樣說：

小生死去後，請埋在品川東海寺亡兄傍邊，費用近日將由家兄滙來，萬一沒來得及，煩請先向親戚立花（立花小一郎）（譯註三六）或伊勢幸（渡邊元的寓所—譯者）借用；在費用上如果可能，請能托禪僧爲我讀一部佛經。

以上是所至囑。

此夜，我倆和親戚朋友爲二哥守靈，翌日，照其遺囑，以佛式把他埋在亡兄伴藏（譯註三六）的傍邊。

埋葬後，我和大哥又回到橫濱野崎君的寓所，從病中以至於死，他始終以骨肉以上的高義照顧二哥。二哥的遺物亦皆放在他的地方。大哥很驚奇於野崎君所拿出來的遺物，因爲這些衣服日用器具多是中國式的。我想也許有遺書給我，因而在書籍雜具中拚命找。可是不但沒有，而且曾經收在錢包的文件也不見了。根據野崎君的說法，二哥知道家母病在故鄉，爲了令她安心，每次寫信告訴她病快好了。二哥同時一直等着我回來，一天甚至要問幾次我回來了沒有？我問野崎君有沒有聽過有關他與中國有志之士的話？野崎君說：「我不大清楚；不過有一次有一位穿西裝的中國人（陳少白－譯者）來過這裡，事後我問他這個人是誰，他說是中國留學生，看來此君跟普通人並沒什麼兩樣。」由此可見，二哥連野崎君也沒告訴。又根據醫院護士小姐的說法，二哥在過世兩三天前，曾經燒掉不少文件。其用心實在太周到了。可是，因此，我變成了失去拐伙的盲人。

我與大哥回到故鄉後，這裡又是眼淚和牢騷的世界。我身處這個眼淚和牢騷的世界，覺得有如被割肉，尤覺我罪過之深，而更加痛心疾首。因爲如果我沒那樣堅守秘密，二哥或許不致於死得這樣早！

我曾經遭遇過不少艱難，也經驗過許多不幸，從而常常失望和灰心。我甚至於想終身隱居山林，或自殺永訣人間。但使我不致出於此者就是一片志望。這個志望乃二哥之所賜，也賴二哥以維持。我心萎縮，意氣消沈時，激勵我並予我以一線之希望者就是二哥的信。縱令所寫與志望無關，我每次接到二哥來信時，我的熱血便沸騰起來。老實說，二哥是我活動的泉源。

新生面到來

嗚呼，我活動的泉源乾涸了，而且更立於眼淚和牢騷的世界，因此我茫茫自失，不知所措。在暹的諸友一定憤怒於我的不負責任；他們必定陷於非常的困境。我時或想及此事，但却不想奮發，否，我時或欲自勵奮發，但却終於奮發不起來。不久在暹的朋友來信說，一個移民自殺了，帝力庵已經支持不下去了。接到此項消息時，我纔給他們寄了一百元，以應他們之急需。這時，前田君回來了。繼而平山君也回國。他們向我說明帝力庵的慘狀。至此，自不忍過着無爲偸閒的日子，於是遂與平山君聯袂到東京。

到東京的目的，是爲了研究如何維持帝力庵，和從傍協助益田君或立山林事業。可是一條導火綫却破壞了這個想法，使我們直往中國問題邁進。而爲其導火線者，就是可兒長鋏（譯註三七）君其人。

可兒君是我同鄉的朋友。頗受木翁（犬養毅。譯註三八）器重，寄食於犬養家。有一天他來看我，他力讚犬養氏的爲人，並勸我跟犬養氏見一面。我自來就討厭改進黨。我之討厭改進黨是先天的，是一種遺傳。我醉心於自由兩個字，或許是我討厭改進這兩個字的原因；小時候聽人家講大隈（重信）做大藏大臣貪污蓋了房子，也許是我討厭改進黨的另外一個原因。總之，我討厭改進黨是事實。犬養是改進黨黨員，所以我無意與他見面，而再三拒絕朋友的勸告。可是，他却還是開口閉口稱讚犬養氏，百般勸我。於是我終於動心，並與平山君造訪犬養公館。天緣哉，我的命運竟以此時爲轉機。

人是批評的動物。因此互相初次見面時，必欲打量對方。亦即彼此的眼神一接觸，便會感覺喜歡或討厭這個人，即所謂直覺的判斷。世人皆批評犬養氏爲策士。策士這句話沒有好意。可是我初逢犬養氏時，却一點也不覺得討厭。他左手携烟盒，右手拿着香烟，飄飄然出來的樣子，實大有神仙的味道。他點個頭說「你好」，並遂坐下來開始抽烟等動作，實在漂忽洒落。我已下了直覺的判斷，即我喜歡這個人。他冷笑地問說：「暹羅怎麼樣？有沒有什麼好事？」其言容，似有些嘲弄之意。但我却毫不介意，並答之以殖民和山林。他斷然說：「那是不行的。」我想用我所調查的資料來對他詳細說明，但他却不肯聽，而搖着頭頻說不行。我幾乎要發脾氣了。此時他笑着說：「以爲合算就可以辦事業，那是一種幻想。我也有辦理殖民事業的經驗。我們不是連從內地移民到北海道的事業也失敗了嗎？除非是販賣人口（指移民公司—譯者），眞正的殖民事業，不是你我所能爲力的。還是停了爲好。至於山林事業，是不錯的。不過我不相信你能做木材生意。你覺得合算，對方不一定會這樣想。你可能沒錢，若是自非說服木材商出資不可。但以你這張臉是辦不到的。一看到你這張臉，對方馬上會作罷。」他說完了話之後，便呵呵大笑，所以我想生氣也不能生氣。我欲說明不必化錢可以獲得朱檀、黑檀的理由，但他還是不聽，而扭扭頭，過了相當長的時間以後纔說：「恐怕沒有一家木材商願意跟你談這個問題。也許祇有背水（中村彌六。譯註三九）商店。我來替你們介紹，你們可以去試試看。」說畢，他拿出硯台，給中村將軍寫了一封介紹信。

我和平山君當天訪問了中村將軍。出現在我們面前的是：個子高高，臉平平地，身穿斜紋薄呢絨，帶着金邊眼鏡的紳士。我對他說明有關暹羅木材的事。他到底是行家，因此認眞聽着我的話，並問長問短，然後自木材商之奸詐，說到他自己的經驗，最後結論說不是外行人之所能爲。我和平山君有些生氣，因爲覺得他裝模作樣，終於不得要領而離去。

翌日，我和平山君又去訪問犬養氏。他先開口問我們說：「中村怎麼樣？」我們答說：「他給我們很長的訓話，並說此事幹不得。」他笑着說：「半商半紳的他尚且如此，純商之不肯聽不言而喻。」爾後突然轉變話題問我說：「你爲什麼把頭髮留得那麼長？不痲煩嗎？」我答說只是好奇。但他還是不能理解。在這瞬間，我的心至爲沈迷。本很想把我的目的統統說出來，但又覺得應該再忍耐，而正在孤疑呻吟時，他又發出奇言說：「以你這種臉，是賺不了錢的。最好完全停止。」我說：「不賺錢不能達到我的目的。因此就是外行事也得做，這個俗世實在太痲煩了。」他稍爲加强語氣說：「賺錢也是一生的事業。賺了錢以後再做天下事。這種順序當然很好，但不是那麼簡單。外行事最好作罷；停止以做本行事。天下事應該分工。可先用賺錢者的錢去做。

」嗚呼，不悉他知道不知道我的志望；可兒君拼命捅我的膝蓋。我終於告訴他我志在中國，並請他賜予一臂之助。他說：「可以，請稍等。」一語重於泰山。因二哥之死而消失的我的志望，由此而復活。我由失望的山谷出來，並得以再入希望之天地。是卽犬養氏是我心靈再生之母。

在這以前，我和平山君住日本橋某旅館。兩袖清風，自沒錢付旅館費。因此遂被趕出去而搬到內幸町的一家公寓。蟄居累月，漸生厭倦，天天喝酒，以解煩鬱，且受酒神之誘惑，進而爲南品北芳之遊，惡行惡報，我終於爲惡疾所虜。因而平山君帶其朋友也是醫生來爲我看病。醫生說：「你必須住院開刀。」時間不對，病名也不佳。我束手無策。不得已，遂寫一封信說明理由求援於前輩雲翁（頭山滿。譯註四〇）。頭山氏送我四十元。於是進上野櫻木醫院。我因怕失去犬養氏的信用，故沒告訴他這件事。小心呢，還是狡猾？此心自是不純潔。

當時，清藤君正在東京。一夕，我倆肝膽相照，大溫舊情。我得病後，他日以繼夜地在我身邊照顧我。我的主病雖然不難治，惟數病同時併發，因此有生命的危險。此事終爲犬養氏伉儷所得悉，而承蒙其很多援助。當時如果沒有朋友的幫助，和頭山、犬養兩位先生的資助，我的生命或許已斷絕於此時也說不定。

再入夢寐國

我的病已逐漸恢復。而因爲犬養氏的努力，我和平山、可兒兩君同受外務省之命，將前往中國大陸以調查中國秘密結社的實際情形。可是此時我却還在醫院。接到命令後，遂請主治醫師准予出院，然後到外務省去會見某長官，並準備動身時，我的病又重發而不能成行。因此，平山、可兒兩君先行出發，我一個人留在公寓的二樓，爾後遵從醫生的勸告，避客搬至大森，以靜待康復。

不久，我完全恢復了健康。遂擇定日期，完成準備後，訪問兩三位朋友，而至小林樟雄君（譯註四一）處。在座有一位客人，他看到我進屋，滿面喜色自言自語說：「是這位嗎？很像他哥哥。太好了。」此人年紀大約五十，短髮全白，個子雖矮，但好像很靈活。我不知道其爲何許人。坐下來後，小林君爲我介紹說：「這是曾根俊虎君（譯註四二），與令亡兄八郎君有弟兄之交。最近聽聞你的事，很想跟你見一面，今日你來得正好。」我也曾經聽過曾根君的大名。於是逐向他一鞠躬並自我介紹，他似很高興，談往事，論現勢，我也似看到亡兄的背影，一問一答，坐了半天。臨別時，曾根君對我說：「我有老母，年已八十，後天將要祝壽，請你跟小林君一道來參加。我母親一定會非常高興。屆時我將爲你介紹一個中國人。動身前跟他見見面，對你必定有幫助。」我答應要去參加。若是，這個中國人是誰呢？

的確，世上沒有比人生的因緣更奇者。那一天我到大森曾根君公館時，首先見到的是一幅字。這竟是一八七七年陣亡的我長兄的筆跡。主人的曾根君另外拿出一封舊信給我看，這也是亡兄的筆跡；是一八七一年，綠林的一群出現於中國的一角時，寫給在中國的曾根君的。信裡有一段這樣說着：

前此曾有一群綠林紛紛起義的報導，以後不知道情況如何，請詳告，必要時我將擺開一切卽時到大陸；國內無一事可奉告，祇希望早日能吸吸大陸空氣……

讀此一段，與我現況比較，實大有今昔之感。到宴席，酒醉飯飽後欲告辭時，主人的曾根君請我到別室，小聲對我說：「今日想給你介紹的中國人沒來。有空時請你去看他。」他交給我一張名片。名片正面寫着「陳白仁兄」（陳少白—譯者）；後面有他在橫濱的地址。這個名字，我從沒聽過。可是我在心裡却一直找着二哥所見過的那位中國人。所以我猜想也許是他。我感謝曾根君的厚意而告別了其公館。

當時，平山、可兒兩君來信說，他倆巡遊華南沿岸後到達香港，暫住香港以調查廣州一帶的狀況，並等着我抵達；因此我亦欲逕往香港，而自東京到橫濱去見曾根君所介紹的那位中國人，所以我到旅館後便把行李一擺，匆匆出去找該地址，並遞名片以求見。旋卽出來眉目清秀的紳士。他看到我吃了一驚，並很輕鬆地拉着我的手，而說「好久不見」，因而我在心中遂斷定他就是這個人。可是他却開始有點懷疑。我知道其理由，故便開口說：「你是不是認識我哥哥？」他仔細再看我的名片，似有所領悟後拍着手說：「我知道了。難怪名字差一個字。你們兩個人長得太像，因此我弄錯了。原來你是他的弟弟。」他隨卽問我二哥的近況。我告訴他以實際情形。他遂仰天嘆說：「是嗎？我跟他約要再見，可是他一直沒來，我又不知道他的地址，……。」他茫然不知所措，我向他說明爲什麼二哥避而不見，同時吐露我與二哥相約的志望，以表示懺悔，他聞此不勝感慨，而拍桌子大聲叫說一切都是天命，由此，我們的話題便轉到以後的問題。

我和陳少白君變成了好朋友。這完全是二哥和故長兄的老朋友曾根君的賜助。但他還是不肯告訴我會中的內情，而祇承認黨的領袖是孫逸仙，並拿出一本小册子說就是這個人。這小册子的名字叫做 Sun Yat-sen, Kidnapped in London（譯註四三），是孫逸仙自撰有關其被清廷駐英公使館拘禁經過的小册子。由之，我得知陳少白君是興中會的一份子，並推測他是於一八九五年馬關條約生效時在華南舉事未成，而與孫逸仙亡命日本的一個人。果然給我猜中了。他在談話中透露了這些事實。他很贊成我將遊華南，並替我給他的朋友何樹齡寫了一封介紹信。情意未舒盡航期已到，遂約再會，搭船往香港出發。

我抵達香港時，可兒君已經不在此地；平山君等我等得不耐煩，剛剛乘船要回日本。我到旅館聽得這個消息後，遂趕至平山君所乘的船，請他一起回旅館，舉酒杯，談別後之情，議定大約的方針，決定翌日到澳門，目的是爲了見陳少白君所介紹的人。

而在我到達香港之前，平山君已經去過澳門，並認識一位名叫張玉濤者（譯註四四）。因此，我倆到澳門後，便先找張君，與其締交。目的想藉此打聽何樹齡的下落。他情意懇摯，設宴集同志款待我們。他之所說所談，甚中時弊，足以鼓動志士之熱血。惟言及秘密會中之事時，便守口如瓶，不敢輕語。再追問之，他祇用筆答說，內有康有爲先生，外有孫逸仙先生，中國之事，可謂未落於地。我們問他何君的住處，他說他與此人沒來往，不過據說在廣東某州。其用心之周到，可以想見。此夜宿某旅館，翌晨和張君等二、三人同進餐，晚上搭船到廣東省城（廣州），在廣州一帶，又受孫逸仙失敗的影響，人心惶惶，人皆韜晦不言。因此令人苦於捕捉實情。是即陳少白的一信，實足以爲我指針，而我們之所以汲汲於要尋找何處，其理由在此。

翌曉，船抵達省城。到沙面（廣州的英國租界——譯者）宿女王飯店，早飯後乘轎即時往訪何君於某街。出來一位短矮瘦骨，看來有點神經質者就是他。我們告訴他來意，並悄悄地交給他以陳少白的信，他顧左右而偸偸讀它，並看看我們，然後拿起筆寫道：「兩位住何處？我願至請教。此處不便暢談密話。」他似很害怕其舉止引人注目。遂面告他旅館地址，相約再會而告辭。

回旅館稍等後，何君來訪。其憤慨清國弊政，悲痛孤弱，與張君完全同出一轍。問他改善方法，他便托言左右，不肯明說；而祇是論輔車脣齒，頻云日本人之義俠，始終不得要領。他更辯解說不認識孫逸仙，跟陳少白也不是好朋友，這令我們覺得他膽怯，而稍稍失望。於是我自動說明中國的現狀，認爲改善之方法唯有革命，俾便他發舒其胸臆，但還是沒反應，而從似恐怖、遲疑，但心裡似有所求的曖昧態度中，祇說出一個會員的名字。這個人住在香港，名叫區鳳墀（譯註四五），曾任興中會會計。我們請他替我們介紹，但他說他跟區某沒來往；可是又要我們萬勿用他的名字與區某見面，並交代說，祇要到〇〇教堂去求見就行。這也是黑夜的螢光，唯有去追尋，因此遂搭船回香港。

〇〇教堂是基督教的說教所。我和平山君到了這裡。碰巧是星期天，很多人在聽牧師的演說。我們也到人群裡頭去聽着。但我們到這裡不是爲了想到天堂，而是欲覓得一個革命黨員，以談論天下之大義。禮拜完了，人漸散時，我們看到曾在澳門見過面的張君也在座。問他那一位是區君，他指一個人，並裝跟我們不認識而離去。我們知道他的意思，所以沒請他介紹。我們跟其所指的那個人下樓梯，乘無人時向他打招呼，遞名片求與其會談。他很高興，把我們帶到一室，對坐後就問我們的來意。

他年齡大約四十，黑皮膚，胖胖地，個子不高不矮，眼睛細長，眉毛不多，是位溫順的紳士。我們深怕敗事，因此不知道應該如何作答，惶恐萬分，有如要接近鳥的心情；我們悄悄商量之後，拿起筆簡單告來意說：「鄙人等才短智淺，雖無濟世之大略，但不忍坐視現時之危局，因而來此求道於友邦之士，先生將以何教敝人？」他的答覆是中國人常用的輔車脣齒論。他之悲國家弊政，慨官吏之腐敗，比何、張兩君稍稍激烈。我們終於自動提出中國革命論，以問他的意見。

他昂然拍手說：「正是如此。日本俠士如能給予援助，舉事之成功可拭目以待。」他同時說明前年所計畫密謀之所以失敗，談論首領孫逸仙之近況，並說：「兩位之志如果在助吾黨之事業，請趕緊與孫逸仙認識。他已於月前動身倫敦（譯註四六），不日將抵達貴國，其所以到貴國，完全為了尋求貴國俠士之助力。」我倆的心，為之所動。遂約再會而回到旅館。我和平山君商量，原則上決定回國，目的是追踪孫逸仙。

隔日，區君攜兩個同志來訪。談少時即離去。臨別時說：「今夕將與三、四位同憂之士會談，請能來。」是時我倆至〇〇教堂。堂上置酒掛肉等着。大家圍桌牛飲馬食，激談痛論，殺氣震於四鄰，其痛快不可言狀。深更半夜始回旅館，更與平山君舉杯祝賀後纔睡。在基督教會酒宴，對我來講還是第一次。

當時在嶺南士林，有一人物與孫逸仙齊名，那就是康有為。他們在思想主張上相同，亦即皆倡民權和共和。但孫將其取之於泰西之學，康則發自漢土之學；孫信仰基督教，康崇尚儒家思想；前者為質，後者為華，質重實踐，華尚議論。二者雖同其見地，但其素養性格却如此不同。因此，孫逸仙遂成為革命的前鋒；康有為則成教育家。革命的前鋒受挫，因而亡命海外，令人感覺其東山再起之難。教育家的康有為則仍然在其私塾（萬木草堂），諤諤倡說自由共和之義，揮椽大之筆痛論時弊，其前途似不可測。人心之漸趨康，亦不無道理。由之欲跟康見一面。惟其正在北上而未果。因此決心停止一切，先行回國，因為擒萬卒，不如得一將。果爾，孫逸仙是何許人？

興中會首領孫逸仙

孫文，字逸仙，廣東省香山縣人，祖先世世務農，逸仙幼時亦拿鋤鍬以協助祖業，十三歲時，到在夏威夷成功的長兄（孫眉）處，進美國人經營的意奥蘭尼學校，因受其感化而信基督教，由之觸怒長兄而被趕回故鄉，再過農夫的生活。年十七時，鄉人惜其才，捐款令其進廣東省城的醫學院（廣東博濟醫院），念一年以後，與英國人經營的香港醫學院（香港西醫書院）開學的同時轉學該校，在學五年，以優等畢業，卽到澳門開藥舖，義診貧民，取之富翁，名利雙收，因而招致洋醫的嫉妒，更遭遇到無可忍受的妨害。此時，在該地方成立中國青年黨（譯註四七），逸仙加入爲黨員，大力披瀝其平生的學識，以鼓勵黨的前途。衆皆悅服其見識和抱負，推而爲首領，是爲興中會的起源。爾後，修練愈深，益廣智見，憂慮祖國狀態之念日切，終於斷然廢醫而虎嘯一隅，時有一八九四年至九五年的戰役（中日戰爭），以爲有機可乘，遂偷偷開始購買軍器彈藥。惟完成這些準備時，已經開始馬關條約，因此時機雖然稍爲晚一點，但騎虎之勢難制，便集兵於汕頭、西河、香港三處，並親自設總部於廣東省城，計時發電開始進軍。可是陰謀馬上暴露，所以受到官兵的反擊，因而逃到澳門，由澳門偷渡香港，而至日本，在此地脫掉胡服，剪去辮子，改穿西裝，前往夏威夷，更由美國到倫敦。有一天早晨，爲淸朝官吏所騙，而被禁閉於淸國公使館，一命幾乎嗚呼哀哉，惟天未棄此英傑，事情爲外界所察覺，因其師友熱心的努力，和當時的首相沙路斯柏利侯爵（譯註四八）的抗議，終得九死一生。逸仙於是執筆記述被禁閉始末，交由倫敦出版社刋行（亦卽「倫敦被難記」），以表示謝意和告別而離開英國，載着一片耿耿之志來到日本。

我和平山君出發香港，航行一星期，夕陽將入西山時到達橫濱。遂投宿旅館，洗澡晚餐後，等完全日沒遂單身往訪陳少白君。以前見過而隻眼赭面的下女出來說：「兩三天前，先生他去了。」我問他到那裡去，她說：「好像是台灣。」（譯註四九）我問她：「是不是妳一個人看家？」她說：「有一位客人。」我問：「這位客人是不是在家？」她答說：「黃昏出去運動還沒回來。」我猜想這位客人就是我正在追踪的孫逸仙。因此我又追問說：「這位客人什麼時候從什麼地方來的？」天眞的下女的答話，我聽來有如天女的音樂。她說：「我不懂話，所以不很淸楚，不過好像是從美國，大約一個星期以前來的。」我的心跳着。我等不及了，於是請她出去找，我則在外邊等着。等得腰酸背痛還不回來。到十一點鐘，下女回來了，並說：「再找也找不到。」因此謝她好意而一個人蹣跚回到旅館，並向平山君報告其經過，叫酒買醉就了寢。

翌晨早起，又趕到陳少白君寓，面會那位和氣的下女，問她情況怎麼樣，她說：「他還在睡覺。」並說要去把他叫起來。我阻止她這樣做，而在院子前面走來走去，等他起床，一個人沈迷於胡思亂想時，忽然響來開門聲音，無意中抬頭一看，有位紳士穿着睡衣伸出頭來。他看到我，輕輕點着頭，用英語請我上去。我仔細看他，這個人竟是曾經在照片上看過的孫逸仙。我向他一鞠躬，由正門進去，被領至客廳坐下。他把椅子拉過來，與我對坐。他既沒嗽口，也沒洗臉，穿着睡衣。我很驚奇於他的不在乎，更有點覺得他太隨便了。我拿出名片，向他問候。他說陳少白告訴他有關我的事，並問廣東形勢如何。我說明未能詳細考察彼地形勢而就回來的原因，並說今天能夠跟他見面非常高興，他也說由陳少白得悉二哥、我和陳少白互相認識的經過，並強調今日能跟我碰面實在是天之冥命。他好像已經與我肝膽相照。由此可知，我如何地高興。惟其舉止動作之飄忽、輕率，使我有些失望。不久下女來說：「嗽口的溫水準備好了。」他說：「請稍等一下」而出去。這時候，我想着：「這個人能領導中國嗎？他能夠建立統治四萬萬中國同胞的政權嗎？我助他能不能完成我的志望？」是卽我欲以其外貌來問鼎之輕重。

不久，他又出來了。摸着頭髮，換了衣服坐上椅子的風采，是個典型的紳士。可是我所夢想的孫逸仙不是這個樣子。我還是覺得很不滿意，他應該更有分量纔對。嗚呼，我陷於東方觀相學的舊弊而不自知。

我問他說：「我知道你以中國革命為職志，但還不知道它的詳細內容，因此請你告訴我你革命的主旨和方法、手段。」他開口慢慢地說：「我相信人民自己來統治纔是政治的極則。所以在政治精神上我採取共和主義。基於這一點，我有革命的責任。何況清虜執政柄三百年，以愚人民爲治世之第一要義，官吏以絞其膏血爲能事，亦卽積弊推委，致有今日之衰弱，因而陷於沃野好山坐任人取的悲境。凡有心者，怎麼能忍心袖手傍觀？我輩之所以不自量力，欲乘變亂擧義而蹉跌，理由在此。」

有如處女的他，在不知不覺之中竟變成脫兎。詳而言之，他的一言比一言重，一語比一語熟，而終有猛虎嘯於深山之槪。他繼而說：「人或許要說，共和政體不適於中國這種野蠻國。但這是不知情者之言。是以所謂共和，乃是我國治世之精髓，先哲之遺業。亦卽我國民之所以思古，皆因慕三代之治，而所謂三代之治，纔是共和之精髓的顯現。勿謂我國民無理想之資，勿謂我國民無進取之氣。是卽所以慕古，正是具有大理想之證據，也是將要大事邁進之前兆。請到未浴清虜秕政之僻地荒村去看看，他們現在仍然是自治之民，其立尊長以聽訴，置鄉兵以禦强盜，其他一切共同之利害，皆由人民自己商議和處理，凡此決非簡單的共和之民。所以，今日如有豪傑之士起來打倒清虜，代之以善政，就是約法三章，亦隨喜渴慕和歌頌。因此應以愛國心奮鬬，以進取之氣奮起。」

「共和之治爲政治之極則，它不僅合乎中國國民之需要，而且有益於行革命。徵諸中國古來之歷史，國內一旦發生動亂，地方之豪傑便割據要地以互相爭霸，長者數十年不能統一。無辜之民，爲此不知蒙受多少災禍。今之世，亦不能保證無乘機營私之外强。避此禍之道，唯有在於進行迅雷不及掩耳之革命，同時令地方之享有盛名者各得其所。如令享有盛名者爲局部之雄，並由中央政府予以駕馭，則終不致有太大混亂而底定。我之所以說有益於推行共和政治之革命，就是此意。」

他以一種無法形容的悲壯語氣和態度，繼續這樣說：「嗚呼，今日以我邦土之大，民衆之多，竟爲俎上之肉。餓虎取而食之，將以振其蠻力，雄視世界；有道心者用它，則足以以人道號令宇內。我以世界之一平民，及人道之擁護者，尚且不能傍觀，何況我身生於其邦土，直接受其痛痒？我才短智淺，雖不足以擔當大事，但今亦非求重任於人而袖手之秋。因此，我要自告奮勇爲革命之前驅，以應時勢之要求。天若助我黨，豪傑之士來援，我將讓出現時之地位，以服犬馬之勞；若無，則惟有自奮以任大事。我堅信，爲中國之蒼生，爲亞洲之黃種，更爲世界之人道，天必佑助我黨，君等之來與我黨締交就是這個證明。兆朕已發，我黨將發奮以不辜負諸君之厚望。請諸君亦能出力以助我黨。救中國四萬萬之蒼生，雪東亞黃種之恥辱，恢復並光大宇內人道之大路，唯有完成我國之革命。如能完成此事，其餘之問題，自可迎刃而解。」

其所說，簡而能盡。言言貫理，語語挾風霜，且個中其熱情洋溢不已。其口才雖然不算巧妙，但不裝模作樣，滔滔發舒其天眞，眞是自然的音樂，革命的呂律，令人不知不覺之中贊同他的意見。他談完話之後，宛如小孩，有如鄉下姑娘，心頭什麼事也不留。至此，我感覺非常羞恥和懺悔。我的思想雖然是二十世紀的，但我的心却仍然脫離不了東洋的舊套。我有只以相貌來評斷別人的毛病。因此，常自誤又誤人。孫逸仙實在已經接近天眞之境。其思想之如何高尚，其見識之如何卓越，其抱負之何等遠大，其情念之何等切實。在我國人士之中，究竟有幾個如他？孫逸仙誠是東方之珍寶。此時，我遂決心與他做知心之朋友。

我告訴孫君以同志平山君的存在，並以幾乎醉了的心情回到旅館，接平山君後又造訪孫君，跟他圍桌聊天暢談，談日本的政黨、人物、歐美國是、中國的現狀、宗教、哲學，其談入微而情濃，縷縷綿綿，不知盡頭。薄暮約再會而回旅館，然後由旅館到東京。

抵東京後，先謁見犬養氏，告之以孫君事，他說很好，並說想跟孫君見面。爾後到外務省，面謁小村次官（譯註五〇），告訴他事情的經過，他要我們提出報告書，我說：「我們帶來了秘密結社的人，請直接跟他談。」小村吃驚說這樣做不太好。但官員是官員，我們是我們，不管官員怎樣吃驚，我們還是要做我們該做的事。終因犬養氏和平岡氏（浩太郎。書中通稱平翁。譯註五一）的高義，在東京租得一棟房子，以平山君之語文教師名義，與孫、陳二君同住。（譯註五二）。

當時，我家計極端惡劣，幾乎陷於無法防阻饑渴之境。因乃托平山君以後事回到故鄉，得長崎無名恩人之高誼，令我妻掛上煤炭販賣店的招牌，惟因沒經驗而不賺錢，幾個月後遂不得不關門大吉。至今，我且不能報答恩人的厚意。

此時在福岡的的野君來電報，說有要事請我立刻去。我即時往訪他，他說他要辦報紙（譯註五三），要我暫留此地幫他。古島一雄君（譯註五四）由東京來主持這個報紙，我則做特別記者以相助。所謂特別記者，就是沒有專司的記者。翻譯、採訪、寄報、校對，甚至於時或折報紙，我從事了未曾有的勞動。可是的野社長却埋怨說：「沒有比特別記者還要貴的。」這或許是對，因為，不領薪水的特別記者的胃口太大了。是即我喝酒喝得多，吃得多、玩得多。幾個月以後，接到東京電報，所以要些旅費後馬上回東京。

我每次追思往事時，必感泣於犬養氏的厚情。我趕到東京晉謁犬養氏的時候，他給我幾千元說：「我弄來了這些錢。我想夠你過些日子。早點出發罷。這次沒有官方的係累，因此工作也會比較自由自在。」這是何等的高義，何等的厚誼。商量結果，當日結束東京的居處，孫、陳兩君搬回橫濱，我和平山君則往上海出發。

外行的外交家

當時，清國皇帝接受康有爲的意見，銳意改革國政，但主要的守舊派對此却採取反對的態度，北京的政界由之呈顯險惡的形勢。此時在上海我倆分爲兩路，平山君往北方，我往南方啟程。我先到香港，宿東洋館，與親朋舊友們聯絡，偸偸跟興中會和三合會的人接觸，以觀察其形勢，並承朋友宇佐穩來彥君（譯註五五）介紹，得與非律賓志士締交。

我志在中國大陸，但到香港之後，却又與非律賓人士締交，我雖自覺有些多情，但我還是這樣做。我初逢彭西（譯註五六）時，他慷慨激昂拍着桌子說：「人最痛苦的是被自己所信賴者欺騙的時候。我國的現況就是如此。你知道嗎？從前，美國與西班牙發生戰爭時，美國要我們內應，並說戰勝後將許我們自主獨立。我們相信美國人的話，拼命作戰，爲的是求得自主獨立。西班牙打敗了，大家以爲我們從此可以爲自主獨立之民了，可是這次我們却受美國的統治。嗚呼，我們應該怎麼辦？爲自由而與西班牙打仗的我們，現在又爲自由而不得不跟美國戰爭。是的，戰爭是唯一的方法。亞洲俠國的朋友，您們同情我們的處境罷。」其情既悲，其言亦不忍多聞。

隨我們交情的深化，我們的談話亦愈來愈熱。彭西暗示阿基那爾多（譯註五七）有意到日本，並說這也是衆人的意向，他似乎在試探日本政府能不能暗中給予援助。這問題非常重大。我說：「我贊成阿基那爾多到日本，縱令政府不給予援助，民間也必有其人」，我並慫慂其必行。他說：「阿基那爾多已經決心到日本。惟爲慰勉部下，不敢輕舉妄動誤事，而入內地請示，一星期以內他會到此地來。」於是我和彭西君等著阿基那爾多的到達。可是他並沒來。因此，我把後事交給宇佐君，單身到廣州。

在廣州，與興中會份子來往，我們的交情日密；又因朋友田野橘次君（譯註五八）的介紹，而有與康有爲一派人士交際的機會。時康君在北京，輔弼清帝，名震四海，所以其黨羽氣勢很大。但孫黨以及其他部份人士却視其爲變節者，而非常憎恨其舉動，亦卽以其爲放棄共和主義，投降夷王的變節漢。因此這兩派遂分庭抗禮，針逢相對。我居於兩派之間，心裡覺得歐美人士不如我。

有一天，我應廣州革命黨員之邀到其密議所。酒池肉林、激談痛論，極盡浮生半日之快。酒宴方酣時，在座的一個人說：「我們之志雖在革命，但具有軍事知識者並不多。我們想請你到省城去探察軍營，不知可否？」我答說：「可以」，並問：「惟我相貌如此，又不諳廣東話，未知能避官員之耳目以達成目的？」席中有〇〇〇，剽悍輕敏，一見可知有風霜之氣。他對我說：「的確，以你的樣子入軍營，可能被官吏懷疑。好在你的頭髮長，因此請將其周圍剃掉，以作辮子，並脫掉日本服換成胡服。我現在軍籍，經常帶著門鑑，所以我願意爲你嚮導，如果官吏問你是誰，我將答說是山東人，所以請你在心裡有這種準備。」我欣然同意。他們遂請來黨員的理髮匠，爲我剃掉頭髮的周圍，以作辮子。大家都說：「好，但鬍子還是不行。」我說把它剃掉罷，但有的人說好可惜；有的人說留上面剃掉下面；有的人主張全部剃光，分成三派，議論紛紛，莫衷一是。此時理髮匠一刀把下面剃掉，而留上面，和其底下的鬍子。可是大家還在爭論，但理髮匠却無動於衷，而指著我的頭說：「好的好的！不要再講了。」說畢，便離去。大家拍手稱讚其固執，而祇好聽他的。這時會中的一個人到街上替我買來胡服，大家拉手捉脚，替我穿上，並看著我說：「善哉善哉。」於是大家又擧杯祝我換好衣服，相約明日與〇〇到軍營，而坐轎回旅館。

此夕，田野君來訪。此時梁〇君來，並邀我們一起遊花船。我以胡裝出去。歌妓來了十幾個人。起初以山東珍客備受款待，情愛漸深將要上床時，有一妓女要我抽水烟，我抽它，但錯喝水，由之妓女發覺我是個假中國人，因此床事付諸東流，而成爲一場笑柄。盡十二分興後，與田野君回到旅館。

返抵旅館後有幾通電報，是香港的朋友打來的，它說有急事要我卽時去。雖不知爲何故，但事情好像很急的樣子。翌晨早起，留字延期與〇〇之約，而與田野君回香港面會朋友問其理由。他說：「來電云北京的改革派蹉跌，皇上被毒死。」（譯註五九）恰好平山君亦由北京來信，大略報告紛擾的端緒。彼此對照，似非訛傳，不久有「號外號外！」的叫聲，來電愈頻，人心惶惶，眞僞雖不得隨時判別，但有不穩狀況則似無可置疑。孫黨來說：「良機可乘。」康黨來稱：

「可能是訛傳。」出入於我旅館者，愈來愈多。

瞬即來電說：「康有爲被捕。」又來電云：「康有爲逃亡了。」來電產生風說，風說更生風說，雖令人無從把握眞相，但北京的紛亂則爲事實，其紛亂與改革事件有關也是可信的。由此可見，康有爲生命之危險。如果康有爲的生命危險，直接將受影響的是他的家族，以及其家塾萬木草堂。我和田野君商量因應的辦法：田野搭夜船回萬木草堂，只告訴主要份子以實況，暗地裡準備逃脫；在我探求事實來電之前，不要離開草堂；緊急時就是幾十個人我也願意負責。我倆喝啤酒，握手而別，田野君隻身昂然往廣州而去。

翌晨，草堂的四個學生來訪。每個人都臉色蒼白，發抖，慌慌張張地。我看他們的樣子，知道其理由但不說，而只問其來意，他們說：「想跟田野先生見面。」我告訴他們他已經回草堂，大家驚得不知所措。我遂勸他們留在我的旅館，至此他們始有安心之色。黃昏，田野君又帶來幾十個學生，並說：「康來密電命令他們逃亡。」因此我的旅館遂盛極一時。

我在日本時，經常是一貧如洗的窮光蛋。可是得前輩的援助到中國以後，大化其錢，採取豪爽的紳士態度，錢用光，就蒼惶回日本。所以有的人笑我的作爲，有的更批評我。但我有我的作法。我在短時間內，能令一部份中國人囑我重望就是爲了這個原因。這當然都是前輩之所賜。惟此次事變突然來於我空手之時。因此我祇能利用我在旅館的信用，以應付目前之急需，但究竟不能持久。於是合我和田野君的現款，給犬養氏打電報，向他求援。我是一個沒有分文的天川屋（

譯註六〇）。

我性胆小，成爲沒有分文的天川屋的我，便不堪悶悶之情。同樣的筆談，一天由不同的人反覆幾百次，同樣的回答，由我一人一天重覆幾百遍。加以革命派志士來說這是很好的機會，有的看我幫助康派而怨我，忙上加忙，心中實在苦不堪言。當時如果沒有宇佐君來幫我辦事務，沒有旅館職員田中夫婦的安慰，以及酒和雪令女士，我或不能渡過這個苦悶的難關。唯其個中亦自有樂天地，其樂趣，自非門外漢所能窺知。

此時又來一電說：「康有爲由上海往香港出發。」但大家都在懷疑，我也不敢致信。可是如靑菜的康門徒弟却相信它，因而大開愁眉，不過此電終竟是事實。是卽康有爲君搭乘英國郵輪，受英國軍艦保護，眞的到達了香港。其徒弟們之何等高興，不問可知。康受香港政府的保護，住在警察局樓上。

康門徒弟爭先恐後地要見其師。但警察怕有刺客而不輕予允准，而祇准許兩個高足會面。這兩個高足來向我報告情況，並說是康的命令而向我致謝我對其徒弟的高義。以後數日，這兩個高足經常往還於我和康君之間，時或跟我論爭，好像在暗地裡試探我的意見。康有爲知道我與孫黨有關係，我不會馬上吐露我的秘懷，因而令其徒弟來探探我的胸臆，他亦不失爲一個曖昧的策略家。因此，我對其徒弟就我的大致意見說：「以爲以一張上諭卽可掃除中國的積弊是愚蠢的。因爲積弊的由來在於人心。因此欲使改革的上諭發生效力，必先有罷免所謂大官的實力。實力是什麼？兵馬之後援也。康君事先沒有這種準備，而徒賴君權，欲依紙上的上諭以促成這個大事，所以纔有今天的失敗。」

兩個徒弟又問說：「過去的事不可追，現在的問題應該怎樣解決？」我於是開始講解革命論說：「現在如果以要罷免原有大官的覺悟來實行改革，自需要兵馬的力量，但其所謂兵馬之權則屬於這些大官之專有；不過中國固有的所謂秘密結社，皆以倒清扶漢爲旗幟，所以無處可以求兵援。想到此地，現世的改革幾乎近於空想。因此我認爲，中國改革之難比革命之難還要困難。」兩個徒弟很認眞地更問說：「請說說先生的所謂革命的方法？」我答說：「如照你們的說法，貴國的皇上是世界無双的英主。身爲國君而歡迎共和民權之說者，世上無一人。若是，皇上最好自動退位成爲一個平民，馴服共和的主旨，令衆民推荐其所喜歡的人，以等其德化。亦卽可知衆望之所歸。此時何有哥老、三合、興中、白蓮諸會？何有滿漢之感情？何有大官之兵？這是千古無比的英斷，也是拯救貴國於未倒的上乘之策。皇上與康君爲何不自動行古？可是皇上之退位，言易行難。如果不得已，唯有康君下來與民間志士合作，透過他們以義軍起於中原及至氣勢稍盛時，使皇帝插足其間。欲不見血消除積弊，等於要挾泰山過大海。這是辦不通的。」他倆沒再說什麼，把筆談的紙張放在口袋裡，飄然而去。

當時，我把康君看得很重，也覺得其同志中有些英傑。因此我很想乘此機會將康黨和孫黨聯合起來，並暗通哥老、三合諸會，以呼喚風雲，而爲了先令康君知道我的意思，故意向這兩個徒弟說這種話。

惟從康君當時的處境來說，我對他的希望或許是過份的要求。康君以草莽一介書生感泣於皇上的禮遇，而放棄其原來主張出仕清朝，所以自不便也不能三變其立場以做革命黨。皇上與他的情誼應該這樣，就是由於偶然發生的關係也應當如此。而革命黨又把他當做變節漢，因此除非退一步乞憐，要主動操縱革命黨是做不到的，故他自不會接受我的意見。加以當時他仍自醉於其聲名，更醉心於皇上的禮遇，所以欲利用改革的惰力以扭轉現勢，重執政柄以達成其初衷。這是不無道理的。但他在國內不僅無援，更無棲身之所，將如何挽回大局？

他知道他無內援，但他却自信將有更大的後援，亦卽外援。由於他受英國軍艦的護送，而愈自信會有外援，但應該依賴英國呢，還是依靠日本，這是他的一個疑問。否，他認爲應該依靠這兩個國家，他的疑問是孰先孰後的問題，而他似已決心先到日本。前述的兩個徒弟，後來向我說乃師有意到日本，但他倆却不說這是乃師的意思，而是他倆的推測；他倆並說希望日本的領事來見其師，但却不說這是其師之托言。他們之說此事，有如在出謎。我雖然知道這是中國式的作法，但與直情的孫黨和磊落的三合會派有過來往的我，却覺得他在擺臭架子。我實在有隔靴搔癢之感。可是我又非常同情他，想把他帶到日本之念愈來愈切。正因爲我有這種情念，所以更覺得他的所作所爲令人著急。我爲了解開他們的謎，便和宇佐君到日本領事舘，面會當時的領事上野（季三郎－譯者）君，以說明一切。

堅守外交官的頭腦必須冷靜之格言的上野領事，不輕易接受我們的要求。因此第一天不得要領而歸。第二天去拜托還是不行。我請他同意我們利用密碼電報，但他仍然不肯。我抑制自暴自棄之念再三訪問他。巧好他出去不在，太太出來，並說如果是急事，她願意接見我們。我們告訴她康君以往的經過和現況，康君之所求，以訴諸其同情心，並托言而離去，翌日領事來了一封信。它說希望馬上跟我們見面，要我們卽時去。我們趕到時，從前他那冷然的腦筋，竟變成熱心的同情，更說將以個人身份去訪問康君。當然這是太太的功勞。

翌日，上野領事以所謂個人身份訪問了康君。惟因事故未能見面，因而有些洩氣。康君甚以此爲憾，並派徒弟切求會面。數日後，康君搬出警察局住進朋友家時，上野領事纔又去看康君。自此以後，上野領事好像變成另外一個人，亦卽變成非常的同情家。康君之有動人魅力，由此可知。康君似由此而決心到日本。

幾天之後，前述那兩個徒弟又來訪。他倆出示所謂皇上密電的抄本（世上有眞僞兩說，但實際上不詳－譯者），說是受康君之托要我們傳達。一通給當時的日本公使矢野君（譯六一），它寫著〇〇〇〇〇〇〇〇；另一通給外務大臣大隈（重信）伯爵，它的文字是〇〇〇〇〇〇〇〇〇〇〇〇〇〇。我遂去找上野領事商量。他立卽答應，並把事情辦了。可是等幾天都沒回電，徒弟們天天來追問使我束手無策。於是他們開始失望，甚至表示不滿。而這也是康的意思。不久矢野君來電，說「非以文書不能盡意，請等它。」十幾天後來了一信。這是矢野君對上野領事的訓令。因此我們有點洩氣。但對康君則含糊其詞地囘答。上野領事終於不能忍耐，而再度拍電報給大隈伯爵。大隈囘電說：「如果康有爲〇〇〇〇〇〇〇」。（譯註六二）所以遂請宇佐君轉達康君以此意；並囘答說：「康大喜，且明言決定到日本。」又說：「他很希望跟你見面，故請你去看他。」當然，我也希望跟他會面。不過我之所以未去看他，是因爲覺得他是一個曖昧不明的策略家，故意裝腔作勢所致。這是兩個曖昧不明的策略家的「鬪法」。

翌日，康的那兩個徒弟來說：「康先生要我們來向先生轉告其意」，並說：「康先生本來很想來看先生，惟因身體不自由，因此懇請先生枉駕賜予暢談。」於是我和宇佐君遂去看康君。敝衣垢面，眼神帶著愁色，洵足以引起俠士之同情。我祇說一句話：「爲天下事太辛苦了」；他答說：「感謝俠士之同情，不過現在不是互道客套之秋，而應該卽時討論天下問題。」他在此瞬間的舉止，洒落圓滑，令人覺得他不是一個曖昧不明的策略家。若是，他要說些什麼話呢？

他以文字說明了北京政變的起因和失敗的經過，滔滔幾萬言，大有一瀉千里之概。其文字之巧妙，論理之淸楚，足以令人首肯。他的結論是，罪統統在慈禧太后身上，她是東亞的禍源，今日唯一的急務是剷除她。我問他應該怎樣剷除，他說及日本的所謂壯士，擧明治維新當時之例，引用津田三藏（在日本關西地區大津傷害俄國皇太子－譯者），李鴻章的負傷事件（在下關進行清國和日本媾和交涉時被襲擊的事件－譯者），和朝鮮王妃事件（中日戰爭後，在漢城日本壯士和軍人殺傷閔妃的事件－譯者），以其意氣之壯烈實爲千古無比而稱讚備至，並透露欲藉這種力量來剷除慈禧太后，同時間我這樣做會不會成功。我答說：「這是很容易的。但如果將此事告訴日本志士，卽等於暴露足下之無力。足下久在草堂，從事育英，在三千徒弟中，沒有一個荊軻嗎？如果沒有，而慈禧太后又是眞的那麼重要，我願意來幹。要剷除一個慈禧太后，一個人夠了，不必那麼多人。」我竟也學會了外交辭令。他似頗有慙色，再也不談此事而把話頭轉到傍的地方去。惟他的筆鋒不利，理路亦缺明瞭，所以我遂離去。

兩天後，康門徒弟〇〇〇來。正好我跟傍人在會談。他用左手拿著手帕遮臉，用右手招我進另一房間。我疑而趕至，他滿面呈紅，双眼掉淚，看我說：「現在我決心與〇〇〇到北方，此行可能不得再回來，故自無法再見。風雲如果起於北方之日，卽是我與世長辭之時。我剛與康先生泣別。出發之前，康先生要我來拜訪足下，可見康先生如何信賴您。懇請足下援助和保護康先生，以救我國之前途。我祇有叩頭伏地求您。」他由椅子站起來跪下去，三叩九拜而流涕。我實在不堪其情。因而叫酒餚，兩人相對泣飲少時，然後握手告別。

薄暮，〇〇〇又來，與〇〇〇同行的一人，又招我至一室說：「我想〇〇〇已經晉謁過您，故我不多言。眞的請保護康先生，請幫助敝國。這是我唯一要拜託先生的。」說畢，潸然淚下。此時實無道理可言。我祇有安慰他說：「死易生難，你們如果達成其志，請逃到日本，故意犧牲不一定是豪傑。」他的回答是眼淚。田中的太太駒子，自動地端來酒餚。我倆舉杯握手而別。我站在樓梯頭望着街道，他以手帕遮着臉，飄踉往碼頭，乘小舟向輪船而去。我目送其景，突然流淚。此時有人從背後拍我肩膀，回頭一看竟是雪令女士。她和駒子領我到另一房間，勸我喝酒，似欲藉此以安慰我。這時長門武藏來，他勸我上青樓。他是耶穌教家，篤行之人，經常勸戒我們酒色，但此夜他竟如此說。所以我問他其故，他答說：「天也會准許。」並拉我的手邀我去。嗚呼，他們不懂得我爲什麼悲痛，而又不問其理由就想安慰我。畢竟這是實情，終於睡在雪令女士身邊。

次日，康君又派那兩個徒弟來請我去。他看到我就拿起筆來說有重要事要跟我商量。他要談什麼事呢？當時，將代黃〇〇爲駐日公使的李盛鐸是他將要談的問題人物。

他說：「李盛鐸是榮祿的心腹，我的敵人。今日將代黃〇〇（譯註六三）爲貴國公使。這是知道我要到日本而安排的，其用意是在要殺我。因此請能將此意轉告大隈伯爵，請其勿同意李到日本。否則我將暫時停止赴日而到英國。英國對我這樣那樣，並一再慫慂我也到英國。我之所以背其厚意，要到貴國，只是因爲我們是同種之兄弟國家，貴國是擁有許多壯烈高俠之志士的國家。可是今日李盛鐸却要到貴國去做公使，這是日清兩國的不幸，我亦將此而陷於險境。對此事，不知足下將怎麼辦？」

他的辭令，非常巧妙。否，實在太巧妙了。因此我答說：「給大隈伯爵轉達足下之意是可以的，但要其拒絕李則很難。足下若因怕生命之危險而說這種話，這是不必要的。因爲日本警察之嚴，是世界無双。根據足下之言，足下對英國之厚意似不可却，足下如果反其厚意而到日本，英國或會產生嫉妒之心。我覺得貴國和日本原有不可分割的因緣，爲貴國計，不問足下去與否，日本國民皆希望貴國之改善；對足下之同情，亦不會因爲去與不去而有厚薄。所以爲報答其厚意應該先到英國，爾後再到日本也不遲。這樣對大局不僅沒有不利，而且將是避免英國之猜疑的一個手段。基於此種看法，我倒想勸足下先到英國。」他頗有窮色，而對我說：「我早已決心到日本去。惟因有李盛鐸事，徒弟們便異口同聲地勸我作罷。幸好足下在此地，故請暫開小國會，以議決此事。」隨卽請徒弟數名進來共商。一個徒弟認爲康君赴日非常危險。因此我罵他說：「康門徒弟膽子太小了。如果你師斃於刺客之手，諸君應該繼承其志，否則不如與你師深居此處終生無所爲。康君拍手說：「足下一言動我，諸子勿再勸阻我行。」商議遂一決。

議旣決，康君之心又甚急，他且希望我們與其同往日本。我和宇佐君同意其所求，並選擇最近的船期，原則上決定搭河內丸離去。回到旅館之後，來了一通電報。這是犬養氏滙款的通知單。天佑哉。如果無它，我實在無法履行與康君之諾言。

康有為到日本

康君之意已決，錢亦寄到。因此遂與宇佐君訪問上野領事，告訴康君之決心。上野領事非常高興，並令宇佐君與當時的郵輪公司支店長三原（繁吉）君交涉，請他給予一行以方便。三原君亦大大發揮其俠氣，托辭謝絕英日以外之旅客，船則準時啓程而泊於港外。日沒後，一行纔乘小汽艇來上船。其用意，非常周到。至此，一切就緒。

可是我住旅館，很難偸搬行李以搭船，因此稍費苦心纔得一策，即把平時所信賴的旅館職員田中君請來，只告訴他需要秘密囘日本一趟，而請他對外說我是要到澳門，付清帳款後請他搬行李。他是江戶漢，一諾比鐵石還要堅定，於是與其妻駒子辦完我的事。然後一起到料理店擧杯告別，並與宇佐君上青樓，在雪令女士身邊過一夜。

翌晨，宇佐君出樓門訪康君寓，乃爲了幫忙康君整理行李，晚上領他到碼頭。獨我一人留在雪令女士身邊，以等待時間的到來。此時田中君來，其妻駒子也到，這兩個人知道我要囘日本，但雪令女士却不曉得。遂命酒餚，暗地裡寓別離之意。宇佐君的情侶菊香女士也來同席，並說：「宇佐先生也要跟您到澳門嗎？」同時對雪令女士說：「怎麼樣？澳門很近，兩三天之內我們一道去罷。」她看我有喜色，而似要跟我同樂。由於田中夫婦知別離之情，所以其心不甚昂揚。嗚呼他們都是我的良友。他們並不知我的志望，但却以我的喜憂爲喜憂。我眼看菲律賓諸士不得不哭，他們亦與我同哭以安慰我，以爲對我祖國發生了什麼壞事，我被挾於孫康兩派之間，不得不一再勞神，他們亦與我共憂，而向我敬酒，剝橘子給我吃，以爲我對祖國事有所耽憂；我時或望故鄉之天，操煩慈母妻兒之健康，他們則與我分苦，用扇子給我搧風，令我安眠，因爲他們覺得我的存在對國家重要；我想東想西自覺一身不輕，而忽然稱快時，他們與我同喜，高歌且舞，以爲國家有什麼好事。嗚呼，他們的心腸何等純潔。我唯恐辜負他們的芳志。別說菊香、雪令是妓女，世上以有志之士自居，而不爲金錢變節者究竟有幾個人？別說田中夫婦是旅館的女僕男僕，今日之所謂志士，能忘私而赴義者到底有多少人？我深信，在今日之世，有他們這種憂國心者可以屈指而數。老實說，這些人是我知心的朋友呢！我祇怕不能報答他們的厚望。

我與這些知心之友舉杯，暗寓別離之意，自有諸多感觸。惟酒杯未傾盡，情亦未盡，時辰已爲四時。出去站在樓頭望港灣，船在吐黑烟，拔錨準備開船。田中君爲之驚愕，拉着我的袖子，他大概怕我趕不上搭船。我笑而不言，心情自閒。同時悠然回到座位，續傾酒杯，以等日落西山；換衣告別，大家送我出樓門，醉步踉踉走石路，而至碼頭，由小汽艇轉乘河內丸。康君一行九人，加上我和宇佐君十一人，一起到甲板上舉祝杯，三呼萬歲時，船開始前進，離開陸地漸遠，速度加快，暮色漸深，從而看不見香港之山。亡命之士，此夜不知作何感慨。但我却想雪令女士，終宵不得入睡。

航行三日，看見琉球之一角。康君提筆就其感懷說：

海水排山通日本　天風引月照琉球

獨運南溟指白日　黿鼉吹浪渡滄州（譯註六三）

第五日夜半，船拋錨於神戶港外，因爲夜暗不便於入港。因此大家就寢，我也喝酒睡覺。但忽然來了一個船員叫說：「有人要跟您見面。」出去一看，是外務省的高橋君（譯註六四）和警官××君，乃爲迎接一行而來的，並說：「請乘黑暗上岸。」於是遂把康君一行叫醒和轉告意思，轉乘水上警察的小汽艇到碼頭，被領至警察局樓上，在那裡聊天一整夜，令康君換成西裝，等到天白，三三五五到車站，乘火車直往東京。火車到達新橋時，平山周來接我們。他說他從北京帶了梁啓超君（譯註六五）一星期以前囘到日本的。梁君是康君的高足。遭逢困難時，此兩君分別與我和平山周到日本，這不能不說是天緣奇遇。我們被帶到三橋旅館。

翌日，孫逸仙君來訪。他欲透過我與康君見面，但康君托事謝絕。孫君之欲見康君，撇開主義方針，祇是同情其現況，而欲安慰其托命異鄉之旅情，完全是古義照人的行徑。而康君之迴避見面也有其理由。因爲從清帝看來，孫君是無道的逆賊，懸賞要其腦袋者；而在孫君心目中，清帝不僅是不共戴天之仇人，而且欲予以打倒的對象。而就康君本身來講，其事雖失敗而亡命異邦，但却還在幻想挽救大局，迎囘皇上，自己做其幕後人，以建立空前的大功。因此，就是由於偶然的義理，怕世上的嫌疑，以及利害的衡量，他之不欲與孫君見面是有道理的。可是，日本的有心人卻都在婉惜這件事。甚至於有人偷偷欲促成它，但都沒成功。加以在末派之間發生傾軋反目，更出於虛構文字，中傷孫君，兩者之間由之日疏，的確可惜。

不特此，康君還有一個幻想。這個幻想成爲他不欲與孫君見面的另外一個理由。這是什麼？就是他的自負心。他在心裡想，以他的地位來說服日本外務大臣，日本外務大臣一定會同情他，並將派兵牽制守舊黨，從而挽回他的勢力。這個自負心來自信賴之心。這是過於自信。過於自信的反動是失望和怨恨，這也是人類自然的道理。大隈伯爵之所以能夠避開它從而保持其聲望於今日，可以說是大多由於內閣瓦解之所賜。大隈內閣瓦解後，成立了山縣（有朋）內閣。山縣內閣對康君非常冷淡。因此他們更傾心於大隈伯爵。可是大隈伯爵已經不是要人，自不能談回天之業。是即曾經把康君當做珍客來款待的日本人士，對康君已不感興趣而疏遠他。這或許是由於康君之非十全十美所致，但日本人之容易熱又容易冷的毛病（性格）也未嘗不是重要的原因。在這期間，唯有犬養氏始終盡高誼，柏原君（譯註六六）之盡厚情，眞是難得。康終於無所爲，而不得不轉到歐美去。

由來，不少人在說英雄，論豪傑，但其所謂英雄、豪傑，皆出自比較上的判斷。如果要求若神之十全十美，世界古今之英雄豪傑，皆是兒童、禽獸而已。惟禽獸比昆蟲大，兒童比禽獸聰明。世上之英雄豪傑亦復如此。譬如李鴻章人人皆稱之爲東亞之英豪，可是他對世運的大局究竟有過什麼貢獻？人或許要說：「有戡定髮賊之功。」但我不以爲然。如果令洪秀全建設了太平天國將怎麼樣？中國國民在今日的地位也許不是這個樣子。人或許又要說：「他在馬關條約騙伊藤（博文）令其還了遼東半島。」不消說，伊藤之被騙是他的愚蠢。但騙伊藤後又被列強詐騙的李鴻章更是大愚。李或有延長清廷命脈之功，但却有使中國國土陷於今日悲境之過。嗚呼，他對世運之大局到底有過什麼貢獻？如果有，那就是擾亂和國難而已。話雖如此，他仍不失爲中國的英傑。爲什麼？因爲沒有比他以上的人物。亦即他是在比較上的判斷這種意義上是中國的英傑。

做爲一個人，康當然不是大人物，因爲他有度量狹小之處，見識不是頂成熟，經驗也不夠；但以草莽一介之書生，獲得皇上的賞識却是事實，策動皇上，令其產生改革中國之志也是事實，輔助皇上，使其頒發變法自強之上諭也是事實，而由此，震動了整個中國大陸也是事實；一時使李鴻章在清廷失勢也是事實，不幸失敗，一切計劃雖成爲泡影，但事實究竟是事實。而其事實之進取、改善的也是事實。我祇基於這個事實，而認爲李鴻章是小人物，康有爲是大人物。志在貢獻世運之大局，而其榮譽心亦爲此而動。世人之以康爲小人物，是因爲不詳中國的現況，不懂得比較上的判斷這個尺度所致。中國人物之缺乏，莫以今日爲甚。稍微知道其情況棄而不顧者，或野心家之乘機欲大事活動，其分歧點在此。而重人道念蒼生的忠勇之士之所以欲挺生而出，其理由也在此。別說張（之洞——譯者）、劉（坤一——譯者）之輩親日。他們跟空中的旗子一樣，都是隨時勢而左右，祇求保其身。要跟此輩携手以策劃百年之長計，實等於欲騎狸馬以跑千里之長程。遑論其他的大官？基於這個觀點，康誠不愧爲中國的豪傑。康君初來日本時，世人極端稱讚，我也因爲帶康君來日而受世人的款待。某子爵請我到松榮料亭卽在此時，而跟藝妓留香女士認識也在此時。我雖然是無一分文的窮書生，但松榮料亭的女主人却令我盡情吃喝玩樂；我的服裝雖然髒汚不堪，可是留香女士却仍然愛我。我不知道爲什麼，雖然不知道爲什麼，但我的心却經常有如醉於花的蝴蝶，而不欲離開松榮料亭和留香女士的身邊。如此這般，房租積到幾百元，料亭的賒賬也愈來愈多。但料亭的女主人還是不講話。不過旅館費是不能不付的。此時康君已搬了家。（譯註六八）平山周也到了湖北和湖南，不在東京。人影日漸減少，而祇剩下我和清藤幸七郎君。

清藤君是我早年的盟友，雖中途不同其所信而分手，但相思之情常熱於心頭。爾後，他落魄於江湖，幾乎陷於孤立之境，前輩小山雄太郎君（譯註六七）深愛惜其爲人，投財扶助其一家，又資助他遊學。清藤君深感其義，潛居箱根山寺專心讀書，練磨心胆以自樂，迨至聞我帶康君囘國，遂訪我於三橋旅館，徹夜與我商議將來，互爲期許。他眼看我的窮境，不忍心一個人囘山寺，而與我想計謀以脫重圍而不得。惟督促房租日急，二雄愈感困憊。萬策已盡，我終於提出一個建議：「據說目前犬養先生在大磯養病，我們不如避難於此，然後再想辦法。」清藤君贊成我的意見，遂偷偷賣掉布料腰帶得三塊錢，裝傻逃出旅館，往新橋車站趕路。所謂住旅館不付賬而逃跑就是這個意思。

我們走到數寄屋橋畔時，從右邊來了一部兩個人拉的車子。有人舉手令車子停下向我們招手，走近一看竟是老朋友井上良雄君（譯註六八）。他問我們到那裡去，我們老實告訴他一切，他說：「到除夕祇有幾天，現在是老身大顯身手之時。今日我已上『戰場』，成功已在眼前，請你倆到我家等着好消息。」其情意溢於言表。我倆從其意，便轉到三田的井上公館。

所謂公館，徒有其名，實爲一所小房子。主人的井上君，出身名門，但却不介意住此茅舍。他且故作彆扭背俗，好碰逆流，有錢在外邊喝酒，無錢則在家裡睡午覺以等客人，年底被追而坐洋車在外面跑。其家無餘財，米櫃常空空，除夕（一八九八年—譯者）日近，債鬼成門前市，我和清藤君在屋裡邊佩服其夫人應付這個難關之自如，邊祈禱主人在外面奮鬥的成功。

除夕那一天，主人一早就上「戰場」。日落西山後，主人仍然沒回來，十點鐘左右，他打回來一通電報說：「準備堅守金城湯池。」籌款大概失敗了。大家彼此看一眼和一笑。井上夫人也苦笑着，同時正其容對我們說：「對不起，請把衣服暫借一下，以便到當舖。」我遂把汚垢的衣服脫掉，換成浴衣，鑽進爐胡；井上夫人則把我們的衣服疊好，加上她的禮服（？）包好之後，親自帶食客到當舖，並買酒、米回來。大家爲之活潑起來，遂圍爐牛飲。井上夫人把門關緊後對我們說：「請大家唱歌，以便趕走債鬼。」於是大家開始歌唱。有人敲門時，我們裝沒聽見，而更故意高歌急吟，這是趕走債鬼的妙策。後來，主人也醉醇醇地回來了，因而我們通宵痛飲，所謂過年的酒宴不外此意。

我們祇穿浴衣，自不便隨地走動，惟有的吃，有的喝，亦可取暖。醉就唱歌，疲倦就睡，醒來便說男女艷事，以逞目下之快過日子。人至此自有其樂地。當時，我唯一的痛苦是見不到留香女士，因此祇有說說男女艷事以解除這種痛苦。有人示我此家的食客雜記本說：「在兩個小時之內，您說了這樣多次留香的名字。」算算結果是二百八十五次。嗚呼，我眞會說男女艷事。不過食客君如果因為我說男女艷事而兩個小時不無聊，我的男女艷事應該有功而無過。如上所述，我對她這樣想念，但她對我眞情如何呢？這當是以後的問題。

如此這般，過着無所事事的日子三個多星期（滔天把無所事事的人稱爲製糞機—譯者），有一天有個朋友來訪，遂依靠他的幫忙，勉強從當舖把衣服取回來，回到初東，前往大磯。

在大磯犬養氏處打擾一個星期多，風光適心，酒肴亦合胃口，加以清談足以怡神，頓覺身在樂園。其舒服，自不能與在井上公館者同日而語。惟主人的犬養氏身抱病，我們又知道他不是很有錢，所以不忍多逗留以增加其負擔，因而向他要些旅費後到箱根，住進清藤君的老巢寶泉寺。此處費用便宜，清藤君又有信用，因此暫時可以住這裡。我倆相對溫濁酒，一下子喝了幾瓶而微醉，準備晚覺時來了一通電報說：「多紀死卽時來。」多紀是松榮料亭的女主人。我在心裡想，或許是因其料亭支撐不下去而自殺，若是，其罪在我。當夜，與清藤君到小田原，翌日乘第一班火車直往東京，在疑懼逡巡心情中到了松榮。但女主人却並沒死，她且哈哈大笑說：「對不起，我的目的是想試試您們的心，現在考驗及格，所以就是把我的店喝垮了我也心甘情願。」心若有弱點，連一個女人都可以玩弄你。由於我知道度世的秘訣是不要給人家抓住你的弱點。我雖然知道它的重要性，但却仍然不能改過來。所以，我愈陷於深淵，而徒增女主人的困擾，且終於眞的把松榮喝垮了（譯註六九）。其所以致此，當然有各種理由，但我對留香女士的愛情是最主要的原因。爾後，據說女主人落魄窮於生計，淪爲無藝的藝妓，跳粗俗舞以餬其口。嗚呼這都是我的罪過。她在中途山窮水盡時，雖然曾經利用流氓恐嚇過我，但我却並不怪她，因爲我知道這是出自己身。以後，我的事不能如意，而無法負其責任，但如果她詳知我的現況，我相信她似也不會太責備我。

被假內容的電報嚇了一跳的我和清藤君，目睹女主人端來的酒肴就有一分醉意。互相忙於敬酒，終於醉倒而睡，翌日又歸箱根的山寺。在此逗留幾個星期，幾乎變成仙寰之人。惟我倆之志不在仙，高臥山中自無開展局面之機會，因而與清藤君商量出來東京，依靠舊緣住宿於對陽館。

對陽館是芝愛宕山（東京的一個地名）下的一家旅館。十幾年前，我以垢面蓬髮的怪狀來東京找地方住，但都驚於我的相貌而予以拒絕，獨這家旅館的女主人誤以爲我是個修行者，而讓我住。其主人也是個怪人。他天天喝酒，常常歡呼唱歌。我很喜歡住這裡，他們家人的情意亦甚懇摯，互信至深。以後，我雖然流浪四方而無定處，但每到東京則去相會以舒情。因緣所結，決非尋常。其因緣雖然這樣深，但人情的變化却不可測。今日我逡巡以此打扮到對陽館，深怕以這樣子去乞憐或將冷却我們的舊情。但我終於鼓出勇氣，前往說明實際情況，請其留我並予衣食。主人慨允說：「即使祇有一碗飯我也要分給您吃，不要客氣，請一直住下去。」於是我便住在這裡。這是一八九九年二月間的事，浮萍今日被吹到對岸，隨流順風而移動，這是我目前的情形，但是人之情，實在太可貴了。

南洋的風雲與我黨的活動

我因對陽館主人的盛情，有飯吃，有酒喝，比以前心身安適多了；惟想及我自己的前途，則不得不興望洋之嘆。山縣內閣成立後，爲我前輩的高升慶幸也不過是一場夢。而我所盼望的孫康兩派的合作既未成，康君且去而流浪於異鄉之地（譯註七〇）；孫君在此亦束手無策，清廷之事，完全由西太后和榮祿擅權。嗚呼，大風將起於何時，天雲又飛於何日？我天天喝酒，唯摸模髀肉。

時有消息說，阿基那爾多率部下上了戰場；平山周考察兩湖回來說：「因畢永年君的努力，得於交結哥老會員。他們皆渴望着義軍之興起。會中之人能用者甚多，如果孫君揭竿而起，天下必起而響應。」當時，孫君的部下興中會員也漸思起義。因此，屢次請孫君採取行動。孫君以準備還不充分，而發令告戒輕擧，並暗中有所計劃，但諸事皆不能如意。終於依孫君的提議，約定暗地裡率會員到菲律賓，參加阿基那爾多軍，加速其成效，借其餘勢進入中國內地，起革命軍於中原。

是時，孫君寄居橫濱，有一天訪我於對陽館，避人對我說：「能不能由你的手送軍械到菲律賓？」我問其內情，他小聲答說：「現在獨立軍的委員（彭西等—譯者）在橫濱，我與你們有渡非之志，因此去訪他，並告之以秘懷，他大喜，且托我一大事，卽購買軍械，他竟托唯有一面之緣的我以如此重大之事，義當盡力以酬報，何況他們的動機與我們者相同。」我的心爲之動跳。因而遂與孫君和平山君密議，決定向犬養氏說明理由，並借重其智。

犬養氏爲俠烈之士。他聽到我們的話非常同情，並說：「這件事如果交給商人或能辦得通，惟商人貪婪而無義，辦事又不老實，因此應該選擇肯冒險、老實，而又有生意手腕者來擔任。」他沈思片刻之後又說：「令中村彌六來做怎樣？他最近患糖尿病，自覺餘命不多，故似在急功。前幾天來，他常對我說及非島之事，其意似欲投非軍，唯苦無綫索。諸君如果去說服他，他或將鼓起糖尿的勇氣而答應。若是，對彼此皆有利。據說，中村的壽命祇剩三年。以三年之壽命爭功名於國會，他自知國會之狹小，諸君爲他準備功名之地，這不是功德無量嗎？」大家拍手贊成。

我們訪問中村於其公館，向其吐露秘懷，請他幫忙購買軍械，他一口答應說：「我有宿痾，自知餘命不長，今日得與諸君擔任這件大事，至爲萬幸。自當奮勵，以不辜負諸君的重托。」其意氣溢於言表。大家皆以獲得好朋友而高興。焉知這竟是他日失敗的原因。

中村且開始着手其運動，非島委員彭西則將全權委託孫君，不加干涉。在中村與孫君之間，我和平山君爲其傳信。不久，警察的耳目便更注意我們的擧動。

有一天，對陽館主人手招我和平山君到別室小聲說：「我不知道您們在做什麼，不過警察却正在調查您們的言行，請多多留意。」當天黃昏，有個偵探站在門外。這時雨下得很大。遂與平山君約好喊車，疾馳曲折入松榮料亭，以爲此兄一定迷了路，而暗地裡高興。隨卽命人請留香女士和另一藝妓，但却不來。理由是，留香女士的父親嚴禁其再到此地。不得已，祇有請女主人任選。女主人非常賣力，並說：「馬上會來。」可是一直沒來。時間已經是半夜十二點，這時女主人以很大的脚步聲跑來說：「您們怎麼了？我們家裡周圍竟站着四個偵探，藝妓來了幾個又跑囘去了。眞的怎麼搞的？」至此，我們纔知道我們不但未能把對方甩掉，並且反而被他們包圍了。因而遂與平山君相抱而睡。

翌晨早起，招妓呼酒，偵探不堪佇立雨下而來求見說：「差不多就請囘去罷，昨天晚上站了一夜而感冒了。」遂請他們上來，四個人圍桌旣飲且歌，酒宴方酣時，平山君叫車到北花柳巷，一個偵探跟他去。我和女主人、另一個偵探站着看歌舞妓後囘家。翌晨平山君囘來，但偵探却沒在一起。平山君說：「昨天晚上把偵探拉上青樓，給他一個藝妓住了一夜，事被其他偵探所得悉而被免職。」後來到犬養氏處，話題偶然及於此事。犬養氏關心說：「生活會發生問題罷，應該給他想想辦法。」但時至今日，此事還是個笑話。

在這期間，中村的運動大有進展。他說：「已經辦好了購買軍械的手續，剩下的是船隻的階段，故請派同志，以爲先陣。」因此便推荐近藤五郎君（原禎－譯註七一）。當時我們還不認識原君。他是信州（今日的長野縣）人，是個陸軍上尉。他決定辭去軍職，並率五個部下到菲律賓。而平山君也將以同志的代表與其同行。

在這以前，我於筑前認識內田硬石君（內田良平－譯註七二）。內田君少懷大志，曾參加天佑俠到朝鮮，企圖助東學黨以掀起風雲。後來入西伯利亞，並曾往還於海參崴和聖彼得堡（今日的列寧格勒）之間。我倆相逢期許甚深，當時他來東京住在其叔父平岡浩太郎君家。我往訪他，談之以我平素的志望，他也開其胸襟，相約將來，暗中幫助我們。

此時孫君收到一通電報說：「廣東內地未派人士漸開始其動作。」孫君令我前往考察其實際情形。剛好內田君要到西伯利亞，清藤君準備前往湖南，於是三人聯袂到九州，在筑前與內田君分手。臨別時內田君對我說：「準備就緒，請打電報到西伯利亞，祇說來就行。」知己之情實在可感。我們互祝前程告別，我往長崎，清藤向熊本出發。

在長崎等船等了一個多星期，清藤君由熊本來爲我送行。宿僕來說有到香港的船。遂與清藤君告別，搭乘此船踏上我的壯途。航行一天一夜，在右舷看見半島。我疑而問船員，他答說：「是濟州島。」我更覺奇怪而問其故，始知此輪將迂迴芝罘、上海、福州、廈門、汕頭然後到香港。我問其航行日數，他說要十八天後纔能到達香港。我驚愕和茫然。但現在實在無可奈何，遂經芝罘而至上海。

上海我有朋友，更有許多日本人。此行如果是普通的旅行，此地是解除無聊的不二場所，但我任重而心急。祇有蟄居船中以待開船。恰好有要到福州的朋友，因而同船，我以得到好伴侶而高興。船開始拔錨時，黑雲突然遮天並來颯風。開到距離吳淞大約二十三公里海面，船拋下其錨。

如此這般在海上漂流兩天兩夜。以風神稍定，遂冒着怒濤往福州。同船之客，無人能吃，獨我一人喝啤酒，晚餐後到甲板上，目見夕陽沒於雲波之間，夜色尤其可怕。俯仰不勝感慨，不由得拿出鉛筆寫在雜記本上。雖然不成其調，但却皆爲我內心眞情之流露。

日暮，吹來的風刺骨，激浪趕走旅客，孤雁一鳴而過，天際海隅，獨我一人。

鈴響，似在凌晨三時，故鄉母親妻兒，不知在作何夢，髒棉被破窗子，望風手下留情，令其睡個好覺。雲出，雨雪還是白浪，反正無月可照，我身任黑夜船，心急欲到雲山，塵世風暴既強，何時可抵香港。

忽想，作沒想到的夢，快到三十的我，一夜之夢竟百年，夢無二道，眞如之夢的俗世，黑夜裡看月亮。

我不懂韻事，未曾作詩，不諳國風，此作乃是初試。是一種預感還是天意，船到達福州時，船員報告說：「昨天，布引丸（Nunobikimaru）（譯註七三）在上海海面沈下去了。」又說：「布引丸是三井公司的船。」當然我不知道此事與我輩有關係。

由福州到廈門，而至汕頭，到達香港竟是出發後的第二十二天。在這期間，我在船上思念留香女士而耗去的啤酒費用爲二十三元三毛錢。這時我還不曉得我黨的凶事。

抵達香港後宿東洋館，正在與館員傾杯慶祝安抵目的地時，有一個朋友來，是三井公司的職員。我向他對布引丸出事表示婉惜，但他竟坦然答說：「這條船與敝公司毫無關係，大約二十天以前，它已經賣給中村先生了，因此其損失全部歸於他。」他這句話，打穿了我的胸膛，因爲它跟我黨有關係。但我故作鎭定，而說那太好了，可是實際上煩惱得坐也坐不住。如果這條船確歸中村所有，其所載運的貨物固不必說，我的兩個好朋友也沈下大海了。我於是托事不顧這個客人，坐轎趕到陳少白公館。

問候寒暖久濶是閒時的奢侈。我一看見陳君就吐露內心的疑懼，他沈思少時而有愁色，並說：「你的疑懼或許對，一道往訪菲島委員處查明眞相。」遂驅車到灣仔（香港的一個地名）去求見其委員長AP君（譯註七四）。他請我倆到密談處。主客鼎坐，沉默多時。A君不像平常那麼快活，因此陳君開口說：「有沒有從日本來電報？」他搖頭砸嘴默然片刻，爾後答說：「昨天來了一電，惟辭句不清楚故無法瞭解，不過推斷其大要，似非吉事而是凶息，因此未敢示以同志。」至此我們纔告訴我們的疑義，並面告他就是因此纔來問是否屬實。因而他搶着問說：「船名叫做什麼？」我答說：「布引丸」。他立即站起來拍着桌子喊說：「對，那就沒錯。」他卽時流出眼淚，無言，大家亦沉默，在座者爲之寂然。不久他又開口說：「還有兩個字不清楚，可能是日本人的名字。」我問他說：「是不是高野、林二君？」（譯註七五）他拍手說：「是的。它似爲這兩個人淹死了，中國的領航人沒死的意思。」他終於無法忍耐不哭，而以手帕遮着臉，歔欷大聲嘆息說：「嗚呼，皇天爲何給我黨這樣大的不幸？我受任以來，失敗於購買軍械者凡三次，所失經費爲數不少，我那裡有面子見總統和國民？唯有自殺以謝罪。」言容極爲悲痛；但其餘的委員都還不知道這件事。

目擊此情此景者，誰不流淚？何況與此事有關的我們？更何況聞知兩個同志慘死的我？陳君抬頭安慰他說：「革命家之所苦心者，古今則一，自不能以此事就挫折。你爲求一身之安而死，這對你來說或許可以，但在槍林彈雨中的幾萬同志將怎麼辦？須知，你的一命直接關係菲島的存亡，怎麼可獨斷就其安？」我也自勵同時勉勵他。他稍微恢復正常，而終於說將考慮一天以後再決定諸事。我要他不要告訴菲島的同志以此事，而與陳君跟他告別。

兩天後我倆再訪問他，他比較有氣色。他說：「我曾召集在港同志以商量我的進退和將來的方針，並轉告你倆的意見以問衆議，大家認爲應該重整旗鼓，東山再起。請你倆及兩國的同志幫助我黨罷。」我倆的士氣，爲之大振。而且此事亦逐漸在進行。其結果如何，嗚呼其結果怎樣。

布引丸沈海了，高野、林兩君也殉難；原、平山兩君以下的同志不知其近況若何？

菲律賓英文報紙報導說：「日本軍人六名，登陸馬尼拉進入內地。」流言說，六個人之中兩個人被捕，其他的人皆行方不明。此時日本商人從菲律賓接踵歸來，說商人之中以隱藏日本軍人的嫌疑而被美軍逮捕者頻出，在監獄者且已經有幾個人，他們幾乎停止做買賣。大家小聲耳語說：「這是秘密。」由耳而耳傳來的這些話打穿了我的耳朵。但這些話並無實據，而徒令人勞神。此時沒有留香女士，也沒有駒子，而祇有酒和政子女士安慰我，以及駒子的先生田中君察情轉告流言。

有一天，田中君匆匆忙忙到我房間來說：「從剛剛進港的船回來了一個平山君的同行者，叫做木內。他說他知道您，但還沒跟您見過面。他叫我不要告訴您有關他的事，所以請您記在心頭。」他是原君的部下，我還沒見過面。於是我托田中君把我的名片轉交給他以求見。他同意我的要求。遂到四樓他的房間，祇問馬尼拉的近況。他的答覆甚爲曖昧。他大致知道我自始就參與其事，所以不能不說，但如果說又恐怕失信。我故裝不知情而問平山、原兩君的消息。他頗有窘色，並終於答說：「不知道。」於是我遂回到我的房間。此時田中君來問說：「怎麼樣了？」我沒話說，祇命其端來酒餚，並要他轉告木內君我想慰勞他，但他以不會喝酒謝絕，我再三邀他，他終於接受。互相敬酒數杯，他卽微醉，我大喝且歌，並請他喝大杯，他乘興痛飲，遂入陶然之境。於是我命他人出去而對他說：「我很佩服你堅守其義，這纔是日本軍人的楷模，不過我想你大約知道我參與此事，我聞謠言而勞神多日，故請你將同志的現況告訴我。」他欣然吐露實情。他從其進入內地時的情況，說到抵達總統阿基那爾多君陣營的過程，歷歷如在眼前。並說：「惟原、平山二君面謁總統，至於他們之間的事，自非我們所能知。今日我之所以奉命回國，完全是爲了急送武器。爲此事，曾命三個人回國。我不能瞭解其用意，唯隊長的命令不能不服從，因而遂動身回國。臨走前，平山君曾托我帶信給犬養氏和孫君，惟路上屢次幾遭被捕，因怕後患而把它燒掉。其他兩個人，在中途也分手了。希望他倆沒有被捕。」至此，我纔有些放心。

不過，對他的語氣，我不無疑問。他對原、平山似有些不平，因爲他挾着疑義說：「隊長的命令不能不服從，但爲聯絡急送武器事竟派三個同志回國，這是什麼意思？這不是想敬遠的手段嗎？」我百般慰撫他並替朋友辯解，但他似不能諒解。這是由於他在路上燒掉的信函中，詳述貶謫之意，他曾偷看此信所致。當時我不悉有這個事實，而托他一信，信裡對中村君說此人有不滿，恐洩漏秘密，請予以慰撫並再用。是以曾經偷看過原、平山托書的他，一定也偷看過我的信。眞是滑稽。惟此人非常自愛，而終於沒有洩露秘密，這是值得告慰的。

形勢急轉

在這以前，湖南的畢永年君來信說：「我將率領哥老會頭目數人到香港。」因此，陳少白君勸我停止進入內地以等畢君來。有一天，陳君又來說：「今日哥老會的一行已經到達，但畢君並沒來。」同時出示一書，是畢君介紹一行給陳君和我的信。信中附有略傳，其所作人物介紹，簡明痛快，有如在敍述三國志、水滸傳中的人物。遂與×××、××兩股肱見面，其舉止風貌，亦爲古色，而與讀書多辯之士大異其趣。其中一個人說：「世運大開，國情亦與昔日有異，我黨自不可固守舊態，我輩之前來請教諸君，完全爲此。」並大略表示有意合三合，興中、哥老三會爲一體，欲推孫君爲首領，又說：「在今日之世，如果不通外間情勢而亂揭竿而起，可能貽不測之禍於百年之後，而我輩之中無一人能通外間情勢者。因此尤其寄望於孫君。請等畢君來後再議此事。」嗚呼，這是我輩多年的宿願，今日反而由他們提出來，欣躍欲狂。不過這也不是偶然致此，而是由於平山君於前年遊湖南，以及畢君的努力所促成。

可是，引導者的畢君却因爲沒錢而留在上海，所以遂和陳君商量寄錢給他，請他卽時來。畢君來了，但聯席會議還沒召開；而師××、劉××二君亦從上海趕到，是哥老會的股肱。

人皆疑師君內通康派，而欲趕他走。我怕因此而洩漏秘密，曉之以利害，主張款待他使其歸順。大家贊成我的意見。有一天，我和陳君到他們的寓所。師君去廣州不在；不久他回來變其臉色說：「今日廣州有快報，說長江一帶我黨已起義。現在，諸頭目皆來此地，致末派諸子有此舉，如不趕快去統御，或將惹起不測之禍，諸君要留者請留，我聽聞末派之動亂不忍閒居。」他且趕緊拿着行李，頗爲周章，在座者爲之動。有的人說應該回去；有的人說等等詳情；有的人更說這是謠傳。甲論乙駁，幾乎不可收拾。陳君問我該如何處置。我站起來對大家說：「依我的看法，這是另有企圖的人所傳播的謠言。我大致窺悉其內容，如果此事屬實，我黨同志早已電告，否則領事館亦必得其消息。但至今同志既未電告，領事館也未說及此事。由此可見其非事實。諸君如果不能安心，我將致電照會同志，等其回電再決定進退亦不爲遲，況且諸君不遠千里而來，無非內心抱着百年之大計？今事尙未了，竟將爲此一謠言而動心，此似非豪傑之行爲。故請諸君冷靜再想，如果有尙不得安心者，請拂塵而去，否則請留在此地以等我的回電。」師君有慚色，默而不言；大家拍手贊成我的看法，決定等待回電。我遂回到我的住處。

師君這個舉動，是表演戰國策士的筆法，亦卽企圖勾結康派，以從孫派奪取這些人。因此我也冒充策士以弄詭辯。所以我沒打電報。翌日，我在紙上亂寫數字，稱爲密碼，以騙大家俾安其心。因而衆人更恨師君，並認爲除非趕走他不開會。我以爲觸怒師君不是辦法，遂藉名托內地同志管理，而與陳君商議給資令其回去。臨別前，他來訪問我說：「同志中似有懷疑我的心事者，但在我心裡並沒有所謂孫黨康黨，我祇希望他們攜手合作，早日揭竿，請你諒解我意。」因此我設離別宴，給他我自己所剩不多的一些錢，以安慰他。他由此地到上海，參與唐才常君等密謀，後來被捕並處死刑。嗚呼，人事殊難預測。

師君走後，人皆有安色。乃遂召開聯席會議，參加者凡十二人，哥老會騰龍山主李雲彪君、金龍山主楊鴻鈞君、〇〇山主辜鴻恩君、〇〇的股肱李和生君、〇〇的股肱師襄君、××的股肱張堯君、三合會頭目曾捷夫君、曾儀鄉君、興中會領袖陳少白君、鄭士良君、楊衢雲君。時機已熟，故會議不必長，便推孫君爲首領，並將會名改爲〇〇堂興漢會，定綱領三則，啜鳩血宣誓，作印章授孫君。這是空前的盛舉，惟我以不能詳言其內容爲憾事，因爲它有關他人的安全。

聯席會議之後，有一夕，我請大家上日本料亭，來賓除上述的十二人外還有四個人，一共十六位。我請料理店預先給每個人準備一條生鯉魚，因而大家都嚇了一跳。其中一個人問說：「這是給看的，還是給吃的？」我遂拿起筷子把外皮除掉，挾肉來吃，以示大家。大家瞪着而不敢動筷子。我又說：「這是日本武士上戰場時的禮法。今日諸君將三會合而爲一，欲將滿虜一拳打倒，這不是將要上新戰場嗎？爲什麼不學我吃？」於是大家開始吃。有的魚跳出碟子而找不到，快哉之聲，震於四鄰，乾杯者頻仍，衆人不久就入陶然之興。一個客人說：「日本人怎樣喝酒？」我說互相交換酒杯以表示親密，他要我這樣做。我同意他的要求。於是他將能裝大約〇．三五公升的大酒杯喝完後交給我，我也把它喝掉，大家見之稱快，並爭要跟我喝，我連續喝了三杯，因此滿肚子酒，幾乎要從嘴裡吐出來。我遂離開座位到別室，低着頭吐酒如瀑。然後把嘴擦好又回座位，再喝幾杯，又去別室吐，再回來喝，再出去吐，這樣來往四次，終於輪完十六個對手。客人都不知道我去吐酒，因此驚而以爲我是李白以上的酒豪。是夜，我帶客中的酒豪上日本館的青樓。此館規定不接受中國客人，但女主人却破例予以款待，她對我們太好了。惟至今我還有遺債，未能還淸，眞是遺憾。

不久，一行分頭回去，卽分成三路：一部份往廣東廣西；一部份向福建浙江；另一部份到上海，都是爲了向會中同志報告決議的結果；我終於未入廣東內地，而決定和陳君回日本，以便面陳孫君一切經過，並呈××××印章（似爲興漢會長印章——譯者）。

動身香港的前一天，有一個少年來看我。年齡不及二十，風姿有如天女。他向我一鞠躬沒問我名字就拿出名片，受之一看，寫着史堅如。我從沒聽過這個名字。他說：「今日，家兄或會來拜訪先生，如果來，請告訴他，先生將帶我到日本。其詳情，陳君會給您說明。」我雖不詳其理由，但答應了他。隨卽陳君來，並說：「這個少年很有志氣，欲到上海，與哥老會同志遊兩湖，惟其老母和哥哥不同意，但他老母和哥哥，因康事聞知你名，並深爲欣慕你的俠名，所以史君乘機騙其老母和哥哥，說要跟你到日本而獲得她倆的同意。因此乃兄想來向你道謝；如不事先告訴你，此事恐怕會露馬脚，故請你能諒解。」我很佩服史君的奇智，並問其主義精神。他答說：「我信仰四海一家，人類平等主義，所以平素慕孫先生之高風，欲實行孫先生之抱負，惟至今尙未能與其見面，所幸近日認識陳君，驗知其所見不異，遂決心獻身從事此大業。最近聞知哥老、三合、興中諸會合併，欣躍不知所措，因而希望遊兩湖調查他們的實情，使其關係更加親密，以為他日奠定基礎。家兄雖與我同其主義，惟意志薄弱，因而沒有實踐其所信之勇氣。如果我實在告訴他，他一定害怕，更不會同意，因此，我利用先生之名獲得他的許可。事雖若不孝不悌，但為了避免老母家兄的勞神，這樣做相信也是孝悌的一端，所以請先生賜予同意。」

他為什麼抱有這種理想？他說：「我信仰基督教，因此相信獨一主宰的眞神。我知道四海之民皆為此神的愛兒。因看厭弱肉強食的現狀，而欲伸明自由平等之大義。」他論中國之國弊，說革命之不可避免，實有確然的理論基礎。其論中國之現狀，非常中肯。他說：「殺人者罪當該死，殺心智者其罪何等重大，清朝所為正是如此。」又說：「在上者旣是如斯，故希望仕官者皆欲愚良民，絞其膏血。而仕官之途在於科擧，但在中國，讀書人並無治國平天下之志，而滔滔皆欲行貪慾無道，源濁未有未清者，家國焉不衰頽？」又說：「有人倡中國的改革，但這言易而不可行，因為如若眞的要改革，唯有以血洗滌人心，不然而倡改革，實是空談。」嗚呼，他年不及二十而竟成一家言，具有堅決不移的主張。我驚愕於其理論的明確，欲實踐的勇氣；他已決心遊兩湖，我更吃驚於其決心之堅定。因而遂跟他肝胆相照，共赴未來。

此夜，我與朋友野村上酒樓。酒酣而吟聲起。此時有人連呼我的名字進來。我不認識這個人，因而凝視他，但還是認不出他是誰。他蒼惶脫下鞋子上來，拉我的手問我認識不認識。此刻我纔認出他是平山君。他剃掉頭髮（他原留着頭髮）和鬍子，穿着垢泥的白衣，無論怎麼看，祇像下等水夫。相視茫然多時，因旁邊有人，故沒交談，祇拼命互相乾杯。夜深後一起上青樓，醉倒而睡。

翌晨早起。聽聽非島的大致情況，以及其逃出九死一生的難關而回來的經過，我也向他談談以後的情形，並告訴他我有事要回日本，請他代我潛入廣東內地，共商將來的方針，然後再回旅館。

史君、陳君和史君的哥哥在旅館等着我。後者一看就是一個忠厚篤實的君子。他懇切地謝謝我對乃弟的情誼，並說要將乃弟托我，毫無疑色。嗚呼，我的心怎麼不痛？但我與其弟已經相許生死與共，自不能以小情害大義，於是遂自勵促成詐僞。

船拔錨往上海出發後，史君幾乎在絕食狀態，理由是他沒有遠航的經驗。可是他却還是意氣旺盛，揮筆在我外掛背面作了書畫。嗚呼，此時那知這竟會成爲他的遺物？及至船到達上海，遂帶其上岸，同叩哥老會諸士寓所，說明理由將此好少年托之。又到東亞同文會（譯註七六）訪問清藤君，隨他到日本酒店，痛飲通宵始回船。

又航行數日，船抵橫濱，即到孫君寓，談始自布引丸沉海的愆尤，而至東山再起。他說：「我東山再起的準備已經就緒，惟日本政府的監視極嚴，故運不出去。」因此我稍微得到安慰。而我和陳君的報告，也足以壯人意。是以我輩並非絕望之人。而是有希望的幸福之人。所以遂回東京，再宿對陽館。

末永節是往年的南斗星。自暹羅事件以後一直沒見面機會。此時訪我於對陽館。他見我欣然微笑說：「你幹得好。不過布引丸太可惜了。我差一點就坐那條船，詳細經過已經聽內田君說過。那時我正患熱病，因此撿了一條命。」灑灑落落，仍然是當年的末永君。由之我放了心。他同時問我說：「你準備怎麼辦？有什麼計劃沒有？」他的話何等輕妙。我乃對他答說：「欲在中國實行彌勒的自由論。」他大笑說：「如何實行？恐怕需要很多資本吧」。我答說：「要求十全十美，當然是無止境；有一千支步槍，夠了。而要做到這個地步也很不容易。不得已時，祇有靠綠林之人。」並略述哥老、三合兩會的內容。他拍着手說：「你既然有這樣的決心，我也要幹。要入綠林，隨時都可以，現在最好還是想辦法找錢。」他且示我以方案，並令我會見中野德次郎君（譯註七七），中野君答應給五千元，而這可以說是惠州事件實際運動的開端。自此以後，末永君也開始住對陽館，對陽梁山泊由之而興。

當時，孫君亦決心要舉義。有一天他來訪並撫其髀肉說：「菲島再舉的準備已經完成，惟因前事而受日本政府嚴格監視，所以不知何時始能運出武器，因此當地委員同意我們使用這些武器，大義沒有先後，我們當喚起風雲大興義軍，以實現宿昔的希望。我事若能成功，菲島之獨立，自屬易如反掌。」迨至中野君答應援助，孫君的意氣遂十倍於前日。孫君說：「事情愈快愈好」。從此以後，經營奔走而無虛日。末永君對我說：「福本日南（譯註七八）是我同鄉的前輩。他年已過四十，雖從事筆硯之業，但此非其志，我想勸其參加此舉，使其死後有榮如何？況且他亦有相當名望，對此事定有幫助。」我贊成他的意見，並與孫君商量此事。孫君亦贊同。因而遂與末永君訪福本君於其寓，吐露秘懷，以求其贊成。他欣然同意說：「這是好死所。」期許甚深。同時商議拍電海參崴請內田君來，因爲我與其有先約故。

惟當時我口袋空空如也，而僅靠對陽館主人的義氣過日子。不過，世上沒有比貧窮更不經濟者。口袋有錢，可以坐街上散黃包車，這樣能夠省車夫等候的費用和吃飯錢；唯沒有現款，所以祇有坐賑房車子奔走，於是，人人皆以爲我很有辦法，而成群結隊來訪，因此，牛飲馬食之客，常滿於樓，由之諸費累積如山。我之勞對陽館主人之心，其理由在此。世上沒有比借了錢更不方便者。因爲，如果不去，以爲有逃意而來催，甚至要派人來接；去嗎就喝，一喝賒得更多。如此這般，我終於把松榮料亭喝垮。此間，自有許多苦心，惟左有留香女士陪我，右有中國革命的經營，以忘却區區之苦，而鼓起勇氣以精勵。在另一方面，各項準備也逐漸就了緒。

不久內田君回來住其叔叔家裡，並寫信來要我去。我乘車去看他，並吐露秘懷以求其贊助，他打斷我的話說：「不必說了，男子漢既以氣慨相許，那需問其是非？只叫我應該做什麼就行了。」大有一語萬金之概。我托他率領其部下的壯士以援助孫君之軍，他一口答應。一諾重於泰山。我豈能不感激？我們遂一起住對陽館，日以繼夜地絞盡腦汁，研究經策；內田君亦招集其部下的壯士，暗地裡着手於後日之準備。

此時清藤君也由漢口回來，當然也是爲了一道革命。唯軍費的籌措並不如意，因此商議決定到九州去設法，而遂與福本、內田、末永、清藤諸君到筑前，逗留數十日，島田經一（譯註七九）、內田兩君頗有所得，得數千元回到東京。這時，平山君和原君各由香港和菲島返日。於是對陽梁山泊盛極一時。

對陽梁山泊的熱鬧是當然的，惟俗語說，人多將吃山。何況，一小小的旅館，更何況區區的幾千元軍資？好不容易籌到一些錢，又把它吃光，根本不可能用於軍費。光明赫灼在眼前，但却無法把握它。大家的苦惱，可想而知。所以孫君提議說：「曠日彌久，於大局有害無益，應該進而決一死戰。」衆議決於此。

大舉南征

孫君首先派平山君到香港，以等待一行的到達，一行是六人：孫君、鄭君（鄭士良）、陳君、清藤君、內田君以及我；至於福本君和原君二人，則因有事而慢一班船來；島田、末永兩君留在筑前，等到孫君所計畫的準備完成後，再率部來合流。

行期決定將要動身時，最使我煩惱的是留香女士。她來我居所陪我幾個月，我給她的錢，還不足以買草紙。我雖深知其處境十分值得同情，但分軍資給女人決非男子漢所應爲；更不能將我的秘懷告訴她。義理情愛的牽掛，萬分使我痛心。因此騙她說要到九州，別後到橫濱，搭乘日本丸往香港出發（譯註八〇）。縱令在夢寐之間也不能忘情於留香女士，所以船離開長崎後，便寫一封信告訴她我是到香港，迨至船抵達上海時把它寄出去，至此我纔得有些自慰。我有十年的糟糠之妻，亦有可愛的三個兒女，更有年將近八十的老母。我竟不思念這些親人而愛她，這應該怎麼說呢？

我以爲此行不能再生還，因此一再想回去故鄉告別家母和妻兒，以暗示離別之意，可是我却沒有這樣做。人或許會認爲我是個從容不迫的人，其實這是我的胆子小所致。

是卽下決心要死的我，實在沒有勇氣去看年近八十的老母之臉。我的家庭零落淨盡，且在將妻兒托我妻老家之境，但却沒有勇氣去看看其情況，以表示永訣之意。胆小者的行爲之所以往往與胆大者一樣，其理由在此。我氣鬱就喝酒，情窮便依靠留香，這自不能說是英雄的行爲。無可諱言的，酒是唯一的清涼劑，留香是我無雙的安慰。

我在船室裡放着留香女士的照片，法國茶房問我她是誰，我說是我的情人。從此以後，每天早上打掃時刻，我上甲板囘來房間，他都把照片顛倒過來以揶揄我。他這樣做有什麼意思，我不知道，不過我的愛情在開倒車却是事實。

但是，我並沒有因爲愛情而得到幸福。這是由於我對所謂愛情的連續發生疑義所致。因此，我不能做愛情的奴隸。於是我不得不囘到無形的道理；亦卽我不能不安於主義主張之上。現在，我爲着追求這個主義主張而正要上征途，應該心氣濶開纔對，可是我心頭却還有一片暗雲，時或不禁產生煩惱苦吟的狀況，這是爲什麼？我有三兒、病妻和老母，在我的潛意識裡有一種情愛和自然的義務之情念，愛情和酒都瞞騙不了這個情念。唯在船裡時開秘密會議，以議定前途之方針的一刹那，可以忘却萬事，充滿海闊天空之志。是卽我並未灰心。

的確，船中是最好的秘密會議場所。旣沒有警察，也沒人跟踪，雖然有警視廳的人同船，但這個官員很特別，他是我和清藤君玩蒲克牌的好對手，一點也不必担心。孫君指示將要採取的一般方略說：「在保安條例期間內，我不能留在香港，所以將直往西貢，以等福本君的到達，然後再到新加坡。內田、清藤、宮崎三君在香港上岸辦那件事，辦完事後卽刻到新加坡，在那裡會合視察一般情況，然後開會以定爾後的方針。要之，有籌到大量軍費的可能性時，就暫留下來以從其事；如果沒有，馬上回來，進入廣東內地。」這是它的大要。當時，我也奉獻一策說：「此時此刻，應該與康有爲携手合作。」因爲我知道他正在新加坡。（譯註八一）孫君贊成我的意見，一行亦認爲需要大同團結而贊同此議。

在這以前，我們還在對陽館的時候，有一天末永君說：「要起義時分工將怎麼辦？」我答說：「日本同志以福本君爲總領，以內田君爲監軍如何？」他說：「你眞的這樣想嗎？」我說：「是的。」他拍着手說：「你如果眞的這樣想，那麼就這樣辦好了。」孫君在船裡也跟我商量這件事而說：「你應該做日本同志的總領。」我以答覆清藤君的話答覆他，但他却堅決不同意。我說：「至少我能安於主義之上，但不爲主義死者也可以爲名而死，所以最好還是給年長老練的福本君，和少壯氣銳的內田君這種榮譽。」我的話，對於福本、內田兩君也許有些失禮，但在當時，我是眞的這樣想的。

船到達香港後，一艘清國砲艇爲了迎接孫君而在那裡等着。它爲什麼要來接孫君？但孫君却令內田、清藤兩君和我代他去。他爲什麼不自己去呢？我們替他去做什麼事呢？

我們三個人坐上清國砲艇，嚮導者是中日戰爭時以北洋艦隊的驍將馳名的×××君，×君的公子×××君也在一起。我祇能以我不甚高明的英語跟他們閒談；我們三個人則時或互相微笑，時或大言壯語商議將來，一路上觀察地形而至廣東省城，潛入某大紳公館時已經晚上的十點鐘。

主人的劉學詢君出來接我們，×××君擔任翻譯，我以洋經椰英語發揮我一世一代的口才，不能達意時卽用筆來補充，勉強說服主人。所談者何事？我絞盡熱肝，動我三寸不爛之舌，用我的筆寫着時，清藤君忍笑而咬緊牙根，內田君更以扇子遮着他的臉。爲什麼這個樣子？不久夜宴開始，在吃、喝、談之中，他們又準備好了砲艇。乃乘黑夜到香港，時爲上午三點正。船要進入香港港口時，孫君的船已經拔錨開始往西貢出發。我們揮帽大聲喊叫還是沒聽到，不得已遂回頭進碼頭，上岸住東洋館。這一段經過，有點小說的味道，惟事關他人的天機，因此現在不能說明白，實在很遺憾。

在香港，有平山、陳少白兩君；我的老朋友玉水常吉君要到暹羅經過此地也住東洋館。他看我說：「我旅行目的已經完成，這裡有沒有什麼有趣的？」玉水君曾經是大井憲太郎（譯註八四）君等的一夥，參加過所謂朝鮮事件。亦卽在造反之道，他是我們的前輩。他並常常驕傲說：「我長於製造炸彈。」所以我對他答說：「近日可能發生大事件，請你放棄日本和暹羅的事，跟我進入中國內地好不好？如果好，請暫留此地，等我從新加坡回來。」他欣然答說：「那麼就無條件地等你。」這是玉水君參加同盟的起因。我們三個人在香港逗留三日，辦完了孫君所吩咐的事以後，一起到新加坡。是時，北清拳匪之亂漸喧，各國正在準備派兵的時候。我們大家提心吊胆地說有好戲可看呢！

抵達新加坡後投宿松尾旅館，以等待孫、福本君一行到達。在此地，雖然沒有日本的朋友，但我所認識的康有爲君却潛居在這裡，而欲跟康派聯繫也是此行的目的之一。因此，我欲先行面會康君，而訪問據說是康君之股肱的邱君，請他替我安排。他欣然同意，並說：「好，日期安排好了之後再通知您。」我謝謝他的好意，而回到旅館等他的消息。此時，有一日人北村者來看我，此人在香港時曾經見過面。他說：「最近來此爲康派機關報寫文章。」並把聲音降低說：「近來有道聽塗說的傳聞，說康的刺客由日本往此地出發，而在彼等一派人士中，似有人把你們當做刺客者。中國人的猜疑心眞是很深。」由於他知道我和康有爲的因緣，所以自不會相信這種風說，不過對於傳聞之所出，有很大的疑問。我笑着說：「不會有這種事吧？這或許衹是你的誤聞。」但他並不深以爲怪。爾後，他把話題轉到旁的地方，傾盡酒杯後辭去。

翌日，康的門徒叫湯生者來訪。他示我一封信說：「康先生的現況如此，足下如果有要緊事請告訴我。我一定替您轉告康先生。」我看其信，這是對我要求面會，康寫信給邱君要他轉達其意思者。其文意如左：

滔天君是我的恩人，現在聽說他在此地，我非常希望跟他見面。我卽將向政府辦理會面手續，惟如你所知，政府的保護極嚴，我幾乎有如在牢獄，因此是否能跟他見面，沒有把握。如果萬一不能見面，請你代我送他一百元，以爲餞別。至於滔天君要跟我商量的事，請門生湯生聽之，並由其轉告我。湯生是我所特別信任者，因此任何秘密事都可以跟他說，云云。

我認爲，英國政府的保護再嚴，如果康要求見面，我相信英國政務廳不會予以拒絕。何況未辦好其手續，就囑邱君來說什麼餞別。這是採取敬遠的手段。這或許是其重視北村君所說的刺客問題，並把我們當做刺客所致。懷疑是惡感之母，惡感是疏遠的開始，所以我有點生氣對邱君說：「請你爲我轉告康君，他是不是聞市井的風說而在懷疑我，若是，我就不求見他；至於說要送我一百元，我實在沒有理由接受它。我是自由之身，他是亡命者，我欲看他，不是爲了要錢，而是想安慰他的遭遇和處境，並商量將來。」湯生看我生氣，很想辯解，但我不聽，故遂愁然離去。

隔日，北村君再來看我，並說：「前日所說的刺客問題，目前在康派中似成爲一大問題，而且很顯然地把你們當做刺客。」他說明其經過道：「有一位大島者，這個人跟康派人士非常要好，昨天他有事訪問邱君，恰好康派的有志之士圍桌正在討論刺客問題，和令康與你見面的利害問題。他們以爲，你和康的因緣，爲天下人所略知，因此，今日如果不讓你和康君見面，人可能視康君爲不知情義，而大損其聲譽；如果令你會面，康君的生命或會危險。這是他們難下判斷的關鍵。大島君因此大發雷霆，力辯其妄，大爲日本人揚眉吐氣。」聽完了這番話，我也非常憤怒，因而遂寫一封信給康君，其文如下：

南海先生足下：仄聞先生頃接友人電，電文中有日本刺客由橫濱向新加坡出發之語。先生及先生之同志某某等，且擬弟及內田、青藤兩君爲電文中之刺客，而使先生避與弟見面。弟聞此曾不禁發笑，而又疑惑。弟自認爲，先生與弟之交情決非尋常，這是爲什麼弟初聞此風說時而不禁發笑，惟據湯君以前所說者來觀察，自然產生一種疑惑，這是爲什麼弟大爲疑惑之理由。日本曾有一狂人（指津田三藏），揮刀俄國皇帝；又有一狂人（譯註八二），狙擊李中堂（李鴻章）。至於國人之屠國人，實不可勝數。我國誠饒於惡漢。這是世人所周知，而亡命異鄉之志士，來此惡漢國托其生者竟日多，此等惡漢更未曾加刀於亡命托生之士，其理由安在？我國士道雖衰，但仍有一分之俠。嗚呼，俠乎俠乎。此乃我國人所崇尚者，亦爲弟等心中所自負者。今日不必云云弟與先生結義於國難之際之故事；惟當今之時局，懷抱一片之深憂與滿腔之經綸，來訪知心者於千里之外，豈知昨日之知己竟非今日之知己，且加之以奇恥大辱之罪名；事世之表裏，人情之反覆，如夢如幻，洵令人驚倒。友人福本君亦欲來見先生，並已出發香港，正在航旅中。他到達此地得悉此事時，不知將作如何感想。嗚呼不得已哉，吾曹該與誰人，講求興亞之大業？謹裁一書，以致善泣於皇帝之知遇而不解友人義誼之人，以表訣別之意。幸自愛。

對於刺客問題，不僅我一個人生氣，清藤、內田兩君也非常憤慨，而且有些失望，以爲此人氣度俠小，不足與之謀事；並注意我以後的行動。

在這以前，我們一行抵達新加坡的第二天，內田君突然說要回國。我問其故，他祇答說因爲愛回國所以纔要回去，沒有什麼特別的理由。既然沒有什麼理由而要回國，自不必有千百的道理。惟我們是生死同契之友，且等着孫、福本兩君一行之到達以決定前途的方針，此時他沒有理由而要囘國，實在太沒有道理了。因此我懇求他，請他等至孫、福本兩君一行的到達。他撤囘其無理由的理由接受了我的意見。此時到日本的船又來了，而孫、福本兩君一行也決定於三天後抵達。這時，內田君突然又說要囘國。其斷斷乎之意氣，殊不可阻擋。所以我沒強留他而跟他告別，臨走時他說：「昨天晚上我做了很奇怪的夢。」並就他的夢說：「我們同志聯袂準備出發，而當我先坐上馬車時，馬嚇了一跳而快跑，獨我一個人終於到達應該到達的地方；你們統統被摔下，在半路上不知道如何是好，後來你們纔趕到。」旋卽與愛媛御變女史乘馬車往碼頭而去。那知這個夢竟是預言。

入獄新加坡

我和清藤君，把內田君送到大門口，回到房間來，收拾收拾有些零亂的文件、行李等等，我用掃把打掃一番，弄乾淨以後，清藤君便叫下女冰啤酒，早作晚酌的準備，同時請茶房吉村君來下圍棋。在喝酒這一點，對於清藤君我並不認輸，但對於圍棋，則簡直不能比。於是我遂坐在旁邊的椅子，彈彈琵琶，以慰當前的無聊。此時，一個中國苦力隨便闖進來，並站在我的旁邊問說：「昆崎（宮崎的廣州音）是不是先生的名字？」我答說：「是」。他點頭後走去。不久便聽到鞋子的聲音。這裡的二樓是禁止穿鞋子的。而現在竟聽到鞋子的聲音。因此我伸出頭看走廊，我看到個子高大的一個洋人彎着腰走過來，仔細一看，竟是警察。他一步一步走來走到房間的門口，忽然站直，看見我就用右手高舉手鎗，大聲喊叫：「不要動！」瞬間，我毫無躊躇地馬上站起來怒說：「幹什麼！」並站在他的面前。他隨時把手鎗收起來而抓住我的手，趕來的另外一個人則抓我的另外一隻手，並把我拉到走廊，搜我的全身。這是爲了檢查我有沒有携帶凶器。我祇穿着短短的浴衣和三尺腰帶，連兜襠布都沒用，怎麼能帶兇器？他們私下說「好好」，而令我回到我原來的位子，並與後來的五、六個警察闖進我們的房間，其中兩個人跟我相對而坐。這時，我已覺察事與刺客問題有關。

但我却先問他們說：「你們是不是認錯了人？」其中的一個人拿出拘票問我說：「你是不是某某人？」我答說：「是的」。這時清藤君還在爭着棋局的勝敗。其中一個人指着清藤君問他是誰，我告訴他們清藤君的眞正名字。他們對照了拘票以後，說「不錯不錯」而站起來，抓住清藤君並搜他的身，說着好好而令他坐下，又回到位子給我看拘票，並問內田、平山兩君在那裡。我告訴他們內田君今天早上已經回日本，平山君現在香港；他們似有點洩氣，彼此看着臉並耳語說「奇怪」。

其中一個人拿出紙張和鉛筆，開始審問我，紀錄我所答。審問的項目有：第一，我們來新加坡的目的；第二，與康有爲的關係和因緣；第三，來到新加坡以後欲與康見面的手續和順序。

來新加坡的目的，我不敢說，否，就是打死也不能說。因此只答說在周遊的途次，爲了觀光訪友而順便逗留；對於第二、第三項審問，我說明了我與康相識於香港的因緣，來新加坡以後的經過，康把我們當做刺客，因而有避與我見面的謠言，最後我把我寫給康的訣別書的底稿給他們看。這場審問，前後大約達兩個小時之久。在這問答的過程中，一點也沒有疑義，所以他們好像覺得不大起勁，並一再耳語說「奇怪，奇怪」。

審問完了之後，他們開始搜查我們的行李。當他們搜到兩把日本刀時，他們的士氣便高揚起來，並說：「帶這兇器做什麼？」頓時我變成國粹主義者而說：「日本刀是日本人的生命，帶刀實有如基督教徒之攜帶十字架。」對這件事，他們並沒有再追問下去。最後他們查到錢袋。當時我們帶有三萬元左右，他們看到這些錢嚇了一大跳，並耳語說：「可疑的就是這個東西」。他們點清了錢以後又把它放回皮包，然後回到椅子說：「這是政府的命令沒辦法，現在要逮捕你們兩個人，但可以慢用酒飯。」我們洗了澡，痛喝清藤君前此吩咐的冷啤酒，也請他們喝幾杯，悠哉悠哉地吃完了晚餐，換好衣服，等待命令。首先，他們把我們的一切行李搬走，並把我們帶出房間，我乃乘機告訴服務生吉村君說：「後天將進港的法國郵輪有一位叫做福本的乘客，請你在他上岸之前轉告他這裡的情形，請他轉往他地。」下樓梯走出大門口後，看見有兩部馬車，是各為清藤君和我準備的。一個警察先上馬車後請我上去，我上去之後又上來一個警察。此時聽到一個女人的聲音：「您要到那裡去，我也想跟您一道去。」回頭一看，是御村女士。我說：「要到監獄去」，她說：「又在開玩笑……」，隨即好像有所覺察而驚慌喊叫說：「出了什麼事……」，我祇聽到她這樣說，馬車就開走了。

御村女士是我在暹羅時的老知己。當我在暹羅患霍亂，連說要跟我同生死的農夫都不敢來看我的時刻，她竟來看過我。自此以後，一別五、六年，一直沒見面機會，不料在此時此地碰面。而尚未盡情暢敘之前竟發生此事，對此不知道她做如何感想？旅館的主人、主婦以及他們的女兒阿姫究竟會做怎樣想法？幾乎忘記自己往何處去，而正在擔心人家怎麼想的時候，馬車已經到達了警察局門前。

幾個警察帶我們走過稍暗的走廊，穿過鐵門，而至長橫的一室，而與清藤君盤腿坐在木板上時，眞有一種不可名狀的感覺。不久，旅館的主人夫婦及其僕人送來棉被、汽水、麪包等等。我和清藤君橫臥情深的軟棉被上，聊天一陣子，但在不知不覺之中，他便睡着了，其鼾聲如雷。可是我却想東想西睡不着覺。我的心終於移到留香女士身上，而做了場寂寞的夢。

突然聽到幾乎打破耳朵的聲音，醒來抬頭站起來，竟說現在要把我們帶到監獄去。乃整頓衣服，出去門外，再坐馬車，直往監獄。

監獄的牆壁是雙層。馬車停在門外，我們在這裡下車。一個警員從小門進去，令看門者開正門，我倆跟着走進，四個士兵持刀鎗在門內排成兩行，兩個警員走我前面，我後面跟着前述的兩個士兵；隔幾公尺，清藤君也如儀而來，簡直把我們當做殺人犯款待。進內門到達監獄門口，這裡有看守長的候客室，我們暫時留在此地。看守長對照警察送來的文件，把一切事項記下來，檢查我們身邊的東西，連外掛的短帶也一併扣押，說是「怕我們用以上吊」；但奇怪的是，沒有把我們的長帶拿走。

辦完了以上手續之後，我們又被送到另外一個房間。一個擁有或會幹強盜之面貌的黑人，拿着筆坐在椅子上，令人替我們量身高和體重，他同時親自細查我們的全身，一一記下腫痕、黑痣等等。

然後，我們被帶到暫時要呆的一室。這個房間，大約有十二張榻榻米大，下面舖磚子，兩個角落各放一張床鋪，床鋪上有一張草蓆和一條毯子，旁邊有一個煤箱子大的木板箱，是要放衣服和當做椅子用的。室內一角，有大小便桶，另一角有小水桶，水是洗、喝兩用。房間門扉，以鐵板貼用厚木，中央有拳頭大的洞，警員有時候，由那個洞來窺探。而關閉它的聲音，眞是淒冷非常。

房子是用磚蓋的，所以房間的三面都是磚牆壁，天花板大約有三十公尺高，其頂上的一面有六十公分左右方形的鐵窓，以流通空氣和取光綫。坐在床鋪往上看，猶如坐井觀天，心情之不愉快，實不可言。我回顧清藤君，不油然地笑起來。清藤君說：「比諸日本的監獄，好像在客廳」他說他在故鄉時，因爲喝醉打架，而被拘留過兩天。是以清藤君是斯道的先覺者。

我不是國法萬能主義者。我甚至於預料到自己或有遭遇鐵窓之苦，斷頭之禍的一天。但在意外之時，却遭逢這種不測之災禍，眞是不愉快之至。何況對於未曾有過此種經驗的我？惟心平氣和地回想事之至此，也不是完全沒有理由。因此，我不太深咎於康，也不甚氣憤英國官吏的措施；祇是暗中婉惜康君之不純，和後悔我自己之過於風流。

腦筋雖然有此覺悟，但心裡却是不安，此乃凡夫之常。我一入獄，就等不及出獄的日期。清藤君亦說：「要輕鬆一點，否則會很無聊。」惟把我們兩個人關在一起，可以說是不幸中之萬幸。此時，與很大聲音之同時，門開了，隨則出現了一位嚴肅的警察，他凝視我倆一陣子，爾後突然發出冷酷的大聲喊看守長，更絞出酷薄的聲音告誡說不應該把我倆關在一起，並要看守長把我們分開。於是我倆遂被隔開，而被移到連彼此的咳嗽也聽不到的地方。至此，以爲不幸中之萬幸的事，瞬間遂變成一場之夢，而名符其實地成爲鐵窓下的獨嘯之孤囚。

在監獄六天，當然很短，但這對我來講，眞有千百日之長的感覺。由於第一天是星期日，因此沒有審問，而以中午十二點鐘的號令，我們被帶到操場。到操場者有馬來亞人、中國人、印度人等未判決的罪犯四十人，日本人祇有我一個，因爲淸藤君在操場也是跟我分開的。語說：「同船仇敵亦相扶。」是卽同囚之間的同情，實不能同日而語。他們之中有殺人犯、放火犯、強盜犯、竊盜犯、打架犯、賭犯，是世上的所謂惡棍的集會所。可是，在鐵牆裡，却沒有放火、強盜，惡棍之間沒有惡棍；亦卽這些人是社會外的同一個社會的人民，家制外的一家的同胞。他們的舉止談吐，毫無修飾和隱藏，他們更恬不知恥地互相談論殺人、放火、強姦、強盜等他們各人所幹的事，看來似爲可怕，但却淡如可愛。世上雖然難見大聖，但我却從未見過大惡。在他們之中，我是個疑問的人物。有人說我是殺人犯，對於他們，殺人犯是一種尊稱；也有人說我是造反者（政治犯—譯者），這不外乎是一種敬語。因而，我遂雄視於同囚之間，更何況我還送他們東西？

這天下午兩點鐘左右，有人送東西來。我奉命進牢房打開來看，是飯團和魚、肉類。吃完了之後，看守長又帶來香烟、糖果、汽水等等，並說：「其他囚犯不許送來這種東西，惟據說你們是日本的大亨，所以特別默許這樣做。」同時作出滑稽臉，擧手用指頭畫個圈圈說：「聽說你帶有許多錢。」說畢，匆匆地離去。原來有如魔鬼的他，現在却竟變成宛如地藏菩薩般和藹。爲什麼呢？從門外可以聽到旅館的女主人在跟看守長喋喋不休的聲音。至此我纔明白：一切皆爲女主人所安排的結果。不久看守長又來了，而且說：「吃完後我送你到二號房」。這是淸藤君的房間。我謝謝他的好意，並說：「你這番好意，我出獄後一定要好好地酬謝你。」他滿面笑臉說：「要什麼東西，告訴我，我會轉告旅館的女主人。」我遂向他要書刊、鉛筆和紙張。如此這般，我變成了獄中的士紳。

我邊抽雪茄到操場，許多同囚合掌向我懇求要香烟，我送看守以雪茄，爾後送同囚每人一根香烟，因而我成爲獄中的霸王，或可以說是德高望重的大總統。

下午四時，與號令的響聲，又被令進入獄中。五點鐘左右，天已黑得不能看書。吃完朋友送來的晚餐，抽過烟後在床上做無念無想的工夫；終於爲無念之念所驅，精神疲倦而入睡。翌晨六時，被看守喊起來到操場，迨至十時，又進獄房，十二時再到操場，四時復回獄中。亦卽一天八小時是運動時間，其他十六小時是拘禁時間。拘禁時間中，躺着、睡覺、讀書，雖然是完全自由，但五點以後就沒有燈光，因此自不能看書。早晨六點以後，任何人都不准再睡，因而便硬學坐禪的工夫，結果反爲妄念妄想所驅而感覺精神疲勞，於是想想留香女士之事以解愁悶，從而避心靈之壓迫。留香女士的恩德不能說不大。

這天，一天沒有審問。晚上，囚犯唱歌，有如蟬叫。押丁大喝一聲，歌聲遂停，但不出幾分鐘，蟬噪如舊。眞是逍遙自在。他們之中，有的自以爲會被處死刑，有的認爲將是無期徒刑。可是他們却似不在乎。大胆嗎，還是遲鈍？我眞羡慕他們這樣自在。可是，今天應該到的孫、福本君一行，不知道怎麼樣了？

第三天，此晨六點鐘以前，看守長開門進來牢房，低聲對我說：「跟我一起來凉水浴，在那裡，你可以跟你的朋友見面。」一去，裸體的清藤君在井邊正在冲洗。我倆互相問好後一笑，我便站到他旁邊水浴並跟他協議。這是爲了應付法庭的詢問而爲的。我們如果要說出事實，那就不必事先商量。但事實是天機，爲了洗淸刺客的嫌疑，實在不能把一切事實說出來。因此，必要時得做假的作證，所以纔需要有這種準備。是則具有魔力的銅臭，給我們這樣的好機會。地獄之事，也是金錢萬事通，是不是這個意思？不久，有情（？）的看守長來接我，並說：「時間過長恐怕引起人家注意」，又說：「今天，可能開庭審問你們。」嗚呼審問。這是囚中的唯一希望。遂與淸藤君穿好衣服，默笑告別到操場。在操場，同囚們在等着香烟。我分給每個人一支，大家說：「今天有先生的審問。」好像在預祝和羡慕我出獄日期之接近。是以熟了，猛虎也可親，親了，惡棍也猶如小孩。他們豈沒有佛性？如果比諸表面戴綿羊之冠，心底藏着豺狼之慾的現今的所謂紳士，他們或許可以說是身居天廳之上位的人們。

十時，入檻的號聲響了，但却沒「來請」。我躺在床上看書，但一點也看不進去。我的心已經飛往法庭，而逍遙於審問的妄想之中，我的胆子眞大。十二點鐘的號聲一響便到操場，吃完朋友送來的午飯，又到操場做體操時，看守長來請我說：「要審問，請到法庭。」同囚們皆勸我穿漂亮衣服。盛情隆意，實在可感。我穿上白斜紋單衣和有家紋的黑絽，並穿着白色日式布襪子，前往看守長的候客室。

審問所在獄門旁邊。看守長嚮導我，兩個士兵持鎗跟着後面警備。走到樓上，看到日本的副領事和三個日本士紳。一個是本願寺（佛敎寺）派來的僧侶，另外兩個人是翻譯官。我在候客室佇立片刻，爾後被領至鄰室。法庭就在此地。

法庭中央有張三公尺多方形的桌子。坐在其正面的是審問官，其旁邊是殖民地太守。我即隔着桌子相對而立。我的左右，各有一個警員立正着；背後有兩個士兵持鎗直立着；桌子左側坐着一位陪審推事，其旁邊爲日本副領事。翻譯官坐在其下面位子，而跟我斜着相對；右側是警視總監和警務部長。到旅館來抓我們的就是這兩個人。惟現在他倆並不像那一天那樣傲慢，而似甚有禮貌。這是吉兆。我竟變成了窺人家鼻息而喜憂的小人。

不久便開始審問。他之所問及我之所答，與前日在旅館所行者大同小異。對我們的嫌疑，似不是很深，但我們携帶巨款，似引起他們的懷疑。而我們之不得不撒謊，也是在這一點。他問我說：「爲什麼帶這樣多的錢？」我答說：「對於漫遊異鄉的人，携帶這些錢是普通的事情。貴個人認爲這是太多嗎？」他又問說：「你家很有錢嗎？」我答說：「我赤貧如洗。」他又問：「既然貧窮，爲什麼有這樣多的錢？」我答說：「我雖赤貧，但我有許多富裕的知己朋友。」他又問：「你是不是從這些知己朋友獲得這筆款項？」我說：「是。」他似不甚理解，而歪着頭又問說

：「你給他們什麼好處（利益），他們纔願意給你這樣多的錢？」他問得不無道理。我便答說：「交換利益是商人之事，我國同志沒有這種情事。所謂志士，共通資財，緩急相扶。這是我國古來的國風，亦爲志士之常道。未知貴國是不是這樣？」由此，他似加深了他的疑惑。他遂囘顧日本副領事問說：「貴國眞的有這種國風？」副領事答說：「有。」但他似仍不釋然。其次，令其懷疑的是我們所携帶的刀劍。他問說：「爲什麼帶刀劍？」我又以大和魂論答之。他似很不以爲然，而又問副領事說：「是不是這樣？」副領事答說：「是這樣。」同時補充辯解說：「我也携帶刀劍。」他又問翻譯官，翻譯官也答說：「我們也帶。」至此，他似已有所瞭解。

審問長達三個小時之久。對於上述二點以外，似沒有其他疑問，亦卽除這兩點外，其餘的對我多是有利的反證，因此我遂有些放心。隨則如儀被領到看守長的候客室，清藤君穿着黑絽的外掛坐在椅子上。他在這裡等着跟我後面去應詢。惟審問我的時間太長，此時已近薄暮，所以清藤君未到法庭就囘到他的房間。看守長微動鼻子說：「明天會宣判你們無罪。」我也深信不會有罪的。但聽到看守長這樣說：我更是高興。黃昏時刻，看守長以特別的厚意，偸偸令我和旅館的主婦及其僕人見面。但其所謂厚意，乃是爲了要在女主人面前商定賄賂之金額的厚意。不過請別以爲，西方的警察鄙卑。他祇以二十五元就使我不感覺獄中的不自由，且令我與具有眞情的主婦及其忠實的僕人晤面。這對我來講，就是化一千元也不算貴。

而且，主婦和僕人，對我更報告了一件非常重大的事實。則：「孫、福本兩君一行已經上了岸。二君住大飯店，隨員三人宿於敝館。」我得悉他們的安全，並認爲，祇要他們無恙在外邊，對我們實有如得到百萬的援兵。於是士氣頓昂。遂告別入檻，耽於妄想而入睡。

天亮，厚意的看守長又來帶我到水浴場。我先到井邊的厠所，這時清藤君正要上大號。我站在他旁邊，邊小便邊告訴他昨天法庭審問的大要，但我祇聽見他「嗯嗯」的聲音，不能辨別他是否聽懂。於是，我又重複一遍，並向他說：「懂了沒有？」他很大聲笑着答說：「懂了。」臭氣衝天。我匆匆出去，走到井旁，脫光衣服，大享水浴。清爽極了。遂回牢房。吃完早餐，便到操場。囚友集來，祝我近日中能出獄。因而我又分給每個人一支雪茄烟。

不久看守長來請我，說可能是出獄的通知。我趕緊走近一看，竟是審問的命令。遂整裝如儀上法庭。這次太守坐在正中央，親自審問。其質問，由孫逸仙君的事情開始。

他首先問我說：「你認識不認識孫逸仙？」我答說：「認識。」他又問說：「爲什麼認識？」我對他說明四、五年前在橫濱認識孫君的經過。他更問說：「你認識不認識英國人摩根？」摩根是同盟中的一人，所以我答說：「認識。」他又問爲什麼認識，我告訴他是由於孫君的介紹。他又問：「你認識不認識福本這個人？」我答說：「認識。」他亦問：「認識不認識尾崎這個人？」我問其名，他說：「行昌。」（譯註八三）我覺得很意外，因爲我不知道尾崎也與孫逸仙君同船來，但尾崎是我的朋友，因此答說：「是我的朋友。」他復問有關中西重太郎君（譯註八四）的事，我愈來愈覺得奇怪。但中西君也是我的朋友，因而答說：「他是我的朋友。」這時，檢察官出示一把短刀說：「你見過沒見過這把刀？」我在心裡想：孫、福本一行或許也被逮了，於是答說：「沒見過？」接着太守又問說：「你是不是受中國守舊黨的拜托，意圖暗殺改革黨的領袖？」我厲聲答說：「我以世運的開明爲己任，所以可能同情孫、康而殺守舊黨，斷不可能受守舊黨之托而來暗殺他們？除非我發瘋，我絕對不會做這種事。」他問我爲什麼這樣喜歡結交中國人，我說我同情中國的孤弱，希望改善中國的現狀；他問我爲什麼要爲別人國家的事如此操心，我說這屬於我個人的主義主張，與今日的事無涉，所以在這裡不擬奉答，但你如果有興趣，出獄後我願意以朋友的立場跟你談這個問題。他笑着，但沒勉強我作答；同時把問話轉到另外的問題去了。

他幾乎以閒聊的態度問問有關東亞同文會的事，以及東邦協會、亞細亞協會等團體的宗旨。其用意，似在試探日本國民對清國的意向。因而我遂隨便作答，以塞其責。這天的審問，也長達三個小時之久。隨則由清藤君繼我上法庭。經過兩個多小時清藤君纔回來。看守長滿面喜色說：「審問至此結束，明天必可出獄。」他的喜色，確出自衷心，惟其喜與我們的喜，異其因而同其果而已。何謂因？利害是也。是即我們出獄之日，則彼獲得二十五元之時。嗚呼利害哉。亦即操縱俗人的秘訣實唯有令其與利害密切地相連。這是當今政治家所應該懂得的第一要義。而旅館的女主人，的確具有政治家手腕。此夜，押丁送來了棉被，這是太守所吩咐的。由此，我不必感覺腰痛而睡個好覺。

第五天，上午八點左右，我和淸藤君接到必須向政務廳報到的命令。因此遂整裝到看守長的候客室，二、三個警員在那裡等着。我們被扣上手銬後被領到外邊去。外邊有兩部馬車候着，我和淸藤君各分乘一部，各跟着兩個警員。馬車跑了一公里多，到達政務廳後，遂被帶到樓上，在候客室等了一個多小時。警視總監來把我們帶到另一房間。在這裡看到十幾位紳士圍着桌子坐着。太守坐在正中央，其他的人都是議員。坐在太守旁邊的好像是書記。

我倆隔着圍着桌子的議員而直立於太守面前，日本的翻譯員站在左邊中間。太守含着微笑問說：「現在要跟議員定你們的罪，以你們擬暗殺中國改革黨的某人來議處，有沒有異議？」他先問我的意見。我答說：「這是極大的寃枉。我不能服從。」他又笑着問淸藤君的意見。淸藤君亦厲聲鳴其非，並奮然欲說明其理由，太守便挿嘴說：「不，這不是決定了的，而是現在纔要來定罪的，請你倆暫時離開座位。」警察遂把我們帶到另外一個房間。

我們等了三十多分鐘後，又被領回到座位。太守遂宣讀判決文說：「現在要裁決你們兩個人的罪，新加坡的執政官認為，你們妨害了此地的治安，因此要由這個轄區內把你們逐出五年」。並問對這有沒有異議，我答說：「所謂『認為』實在是獨斷的說法。不過對這判決我也實在無可奈何。人雖為天所造，但却仍有疑天的自由。我豈能有阻擋你獨斷的自由？所以祇有謹表遵命。不過，我認為世界是人類的公園。今日你由我奪取了這個公園的一角，我希望你永遠記住這件事。」他苦笑說：「五年以後你可以自由。」爾後他問淸藤君的意見。淸藤君佛然答說：「對這種非法的判決，我絕對不服。惟你是有權力的人，我又不希望在這個炎熱之地做無謂的爭論，因此雖然不服氣，但還是得遵命。」此時，大家都睜大眼睛，瞪着清藤君。太守苦笑說：「好的。」並開始開我們兩個人的玩笑。

他首先問我們動身的日期和前往的地點。我說想搭最近要開往日本的船。他說：「如果是下等船票，新加坡政府可以免費給，但中等以上則得自己購買。」我答說：「我要坐頭等。」於是決定搭乘翌日要出港的日本郵輪。旋即他又微笑着問說：「對中西君你有沒有什麼吩咐？」我反問他說：「中西君在這裡嗎？」他搖頭說：「我問你有沒有什麼吩咐？」由此我斷定中西君也在此地，因而答說：「我知道中西君將與康漫遊歐美，請替我轉達我在問候他，並請他轉告我在祝賀康的旅途平安。」太守又問說：「對孫逸仙有沒有什麼吩咐？」我知道孫君已經在這裡，所以答說：「請轉告他明天我將回國。」他點頭說：「好的。」同時很正經地問我說：「孫逸仙說你所携帶的錢是他托你帶的，這是眞的嗎？」我覺得有點不好意思，因爲我一直主張說這是我的錢，但現在如果老實說不是我的，就更不好意思了，因此我便忍笑答說：「不是，這是我的錢。不過他和我常常以財物互相幫助，如果孫君需要，我可以把我所有的錢給他，請足下轉告孫君我這個意思。」太守終於局局笑說：「孫逸仙、中西、尾崎、福本和摩根，很可能你們同船回去。」聽他這樣說，我也不由得發笑。

審理完畢後，我們要求回旅館，但沒獲准，而說：明天將由監獄直接把我們送到船上。無奈，遂再坐馬車回到牢獄。三個小時以前，還被扣上手銬的我們，歸途時已變成指顧自在的人。在獄中，我和清藤君獲准住在一起。此夕，旅館的女主人來訪，且跟她自由會面，因而得知孫、福本君一行確將跟我們同船回去。而跟看守長的約定也履行了。女主人回去以後，我和清藤君遂上床。五天的話，堆積如山，因此不覺得時間的經過，談到深更，疲倦一睡後，竟是出獄的吉日。

起床水浴之後，看守長來要我們到獄內的照相館。遂與警員到相館，白人技師替我們各照兩張相。一張是令我們張開兩支手從正面拍的；另外一張是從側面照的半身相。這個技師是白面的清秀少年，其舉止也不粗野，可是却穿着囚犯的衣服。我覺得很奇怪，因而問他的罪名，他似很害羞地答說：「在德國僞造五十萬美元的紙幣，在此地被捕，而被判處八年的重刑。」我倆聽他這樣說嚇了一跳，因爲他的相貌與犯罪實在太不相稱了。

照完相回到監內時，正是早飯的時刻。我們將朋友送來的東西分給同囚，而初次嘗試獄內的飯。飯有兩種，則馬來飯和中國飯。中國飯我已經吃了不少，所以我嚐了馬來飯，它有如西方的咖哩飯。惟由於加有多量的辣椒，因此祇覺得很辣。我認爲，日本中流人士的吃，還不及它。

出獄的時候，我把不用的東西統統分給「同人」，並跟他們一一握別。他們對於我們的別離，好像很傷心的樣子。我們也很難過。所謂人情是也。祇要自己沒有壞意，人人對我都會好的。如果對無辜加之以災禍，其罪過在社會而不在個人。亦卽這是隨環境動心的結果。至於不隨環境動心者，千百人中恐怕祇有一人。因此我覺得，人祇可敎而不可懲罰。敎化的基本在於平等權，而平等權的恢復，應由社會組織的革命開始。

可是，看守長却仍然懷有得隴望蜀之慾。我們向他握手告別時，他竟拉着我耳語說：「你們是日本的大亨，所以回到貴國後，請買和服送我太太和孩子。」面相悪劣的印度人書記也做同樣的要求。我們答允其所求，但並未履行諾言，因此不能說是君子。

跟着警員走到門口時，警視總監和警察部長帶着我倆的收押品已經在馬車上。我倆同車到碼頭。天氣爽朗，愉快不可言狀。下車上船，在甲板上首先看到福本、孫二君。遂相抱以慶無恙。下去一層，一行都在此地。留新日人來送者擠滿餐廳，因而大有見到久違的情人之感。中西君也在場。我以為他是為了要跟康有為漫遊歐洲而來新加坡的，其所以在船上是為了歡送我們一行，因此也就以這種態度對他；可是他却指着在旁的警視總監說：「這個傢伙拘留我兩天，太沒有意思了，所以我也要搭這條船回國。」他同時盯着警視總監說：「還我短刀！」其勢，眞有如猛虎之欲向大象挑戰。警視總監遂把短刀還給他。這是前幾天出現於法庭的那一把短刀。

旅館的主人夫婦，見到我倆便開始哭。阿菊也在流眼淚。他們向我倆一鞠躬後什麼也說不出來。我倆覺得非常難過。御村女士送我們香木的念珠；御鷹（御高）女士送一箱椰子罐頭。後來纔知道，我倆被捕後，御鷹（御高）女士拍電香港，叫內田君不要上岸。其俠義實在可嘉。一行遂進餐廳，舉起香賓酒以示別意。船中之熱鬧，不可形容。隨開船的號響，便與大家握手告別。船雖已開始行駛，但來送者却仍然不肯離開碼頭，而舉帽揮着手巾以惜別。但船却還是無動於衷。行駛半個小時多，纔不見人影。於是又跟一行舉杯少時。終於醉倒而入睡，醒來出去甲板上，是時夕陽漸沒，夜色爽涼，祇在雲烟間看到馬來半島。這時感慨尤深。我遂舉手叫喊說：「五年後再見！」

大本營（佐渡丸船中）

第二天早晨，我們的談話溯至一個星期以前。福本君先就上岸當時的情況說：「船一到便有人來找我。問他有什麼事，他左顧右盼，好像有所顧忌的樣子。我覺得很奇怪，這時他竟對我耳語說這樣這樣。我嚇了一跳。而且是要我不要上岸的吩咐。我問他理由，但他也不知道，我祇有告訴孫君這件事，孫君也很驚愕。孫君說大家都被抓了不好，所以主張不要上岸。由於突然的事，無從判斷其眞假，因此遂開始找最近要出發的船，我們發現一個小時後有船要開到科倫坡。到科倫坡去做什麼呢？但如果不坐這條船，則得等上兩三天纔有其他的船隻。如果要走，就得一個小時以內動身。孫君和我都束手無策。此時恰好來了日本領事館的館員。但他也是爲忠告我們最好不要登陸而來的。問他什麼原因，他說是康有爲刺客的嫌疑。由此我稍稍放心。我到孫君房間，他正在整理行李。我告訴他不可登陸的理由，同時吩咐他我要到領事館去問個究竟，請他在船裡等着我的消息；如果我一直沒回來，那就是被拘押了，所以千萬不能上岸。這樣交代以後，我便到領事館去問了大致的情況，可是回船後却看不到孫公的人影。一問，說是早已上岸了。他的確不愧爲革命黨的領袖，其決斷力，實在驚人。於是我遂到孫公去的旅館找他，他要我跟他一起研究營救你倆的方法。我告訴他：根據我在領事館的瞭解，外邊的事一點都沒被懷疑，祇對錢的來路有疑問的樣子，你的答辯，不能獲得對方諒解的也祇有這一點。因此，祇要孫公出來證明說這筆錢是孫公的，一切問題便可解決。孫公同意我的建議，因而遂往見太守這樣說明。公審後，太守之所以開你玩笑，就是爲了這種原因。如果稍有差錯，我們也很可能被拘押，惟我們祇被盤問一次，這可以說是不幸中的大幸。而最值得同情的是中西君。他受康有爲的招待來新加坡，碰巧跟我們同船而遭遇到意外的災難，他在康的家兩天，幾乎在拘禁狀態。祇要康沒有一點疑懼心，他的辯解一定能得到第三者的諒解，而絕不止於演變到這種地步。康有爲的氣度太小了。我也去看過康有爲，他拼命向我辯解，半天的筆談，從頭到尾都是辯疏。我說這件事不要再說了，並想把話題轉到旁的地方去，但他却怎麼也不肯。他說被人家誤以爲他把自己的恩人送進監獄太不合算了，因此一直談這件事。這是過去的事情，以後準備怎麼辦？」

如此這般，在新加坡的一切計劃，遂成泡影。若是，以後的方針，應該怎樣做呢？這是在船中一再提出的問題。而且，萬事非看香港的形勢來定不可。於是議定到達香港以後再說。如果方策已盡，那麼也就祇有乘勢直接進入內地。這是最後的決心。

現在，我們正在五里霧中；可是，船行却平穩而風順。預定乃日中午到達的佐渡丸，竟提前四個小時抵達香港，而拋錨於香港對岸的九龍。我和清藤君卽時上岸，是爲了窺探形勢。我倆遂往訪平山周、原禎兩君。彼此相見欣喜，卽進一室，以酒舒情。邊喝邊談少時；此刻由領事館送來一信。打開一看，是領事寫的。它說：「有要事，請卽時來談。」因此遂坐轎子往訪。領事說：「香港政府很注意你們的行動。你們或有再被幽囚的可能。如果事體發展到這種地步，我當然會為你們證明實情，以爭其非，惟天氣這樣熱，屢遭幽禁，對身體不太好，並且，惡疫日趨瀰漫，你們如果有不得已的要緊事自當別論，否則最好還是回國去。」情意殊深。我告訴他，我已決心回國，且買好回日本的船票，以安其心。我用欺詐之言，以報答其厚意而告別。嗚呼，我也學會了騙人的英雄。

再到平山、原兩君寓所，他們仍在酒杯中高談。他們看到我便說：「剛才英國警察部長來找你和清藤君。我們告訴他說你出去不在，所以他吩咐我們說他要到船裡去等你回去。他的話，裡頭有文章，因此清藤君也故意托詞外出沒跟他見面。我們正在等你回來。」由此可知形勢之甚為險惡。我也告訴他們以日本領事的忠告，於是大家都說：「危險，危險。」我們再喝了幾瓶，留下危險危險的暗語，我便跟清藤君到碼頭，搭乘小汽艇，由九龍上船，察看四圍後，進去孫君的房間。

孫君看到我們，遂把正在看的書合起來說：「警察來找你們。形勢好像很壞。最好馬上去跟他見面。」因而遂跟孫君去看警察，並向其自我介紹後問有何貴幹。他慢慢地拿出一張紙條說：「香港政府命令：依照保安條例，五年之內不准來香港。」我們當然知道抗議也沒用，不過卻開他玩笑說：「香港並沒有康有為，我們縱令有殺意也無可奈何，為什麼還要驅逐我們出境？」他是個忠厚的警察，他說：「我祇是轉達香港政府的命令而已，不能說明其理由，但據個人的推測，事非關係康有爲問題，而似在於其他的更大理由。我不忍心來揭破你們的秘密。」說完話，他局局笑着，並看着我們問說：「怎麼樣？」眞是糟糕。我們也笑着並謝謝他的好意。於是我們又變成了船上的囚人。

不要說香港是一個小島。對我來講，它並不小。此地，在起初是我往還暹羅的唯一休息所，爾後七年，它是我的根據地。我結交興中會會員於此地；給我結交孫君之機緣的也是此地；我結交三合會頭目是此地；我得以結交哥老會頭目也是在此地；上述三會合併的儀式擧行於此地；我認識非律賓獨立黨諸士也是此地；我結交康君及其一派人士也是在此地。清藏、御駒，而至於雪令女士和政子女士，我半生的紀念，大多來自此地。這是爲什麼我喜歡香港，而不以它爲小的主要原因。可是，今日却忽然被奪取此地，你說可悲不可悲？更何況正準備由此地發動一大事件？是卽香港的驅逐令，不僅對我和清藤君是一大不幸，而且對我黨全體更是一大打擊。因此非召開緊急會議，以決定前途的方針不可。惟警察仍然留在船裡不走，所以大家便聯袂閉居一室。

無論何種颱風阻碍我們的去路，我們一定要到我們該到的地方，這是我們大家的決心。但如何到這個地方，應該走那一條路，這是目前的課題。我和清藤君已經不許再揷足香港；獲得香港太守默許，擬潛入廣東內地的首領孫逸仙，也因爲受新加坡事件的影響而不能達到其目的。大家聚首商量。亦得不出好結論。船裡的密議一再受挫，迨至黃昏，還不能有所決議。

晚餐後，夜風爽涼，人影漸少時，又召開秘密會議。首領孫逸仙提議說：「予福本君以在香港準備的全權，××、平山、原君輔佐之，告一段落後，囑鄭君代舉義旗，以原君為其參謀，由日本諸同志協助以佔領某地點，並將一半之兵進至廈門附近。這時，我將由台灣密往取得聯絡，宮崎君等亦與我同行。」對孫君的提議，沒人敢表示意見。於是福本君則提案說：「事既至此，勢必為日本政府所注意。孫君如果回日本，其運動之不能自在，非常明顯。至於清藤、宮崎兩君，或會再次受到縲絏之辱。諸位如回日本，留在此地之同志或將大為沮喪。因此恐怕祇有出於一氣呵成之一途。最好能乘這個夜光登陸九龍，疾驅進入內地，出去廣東省城，採取『神風連』的行動。」大家都贊成他的意見。尤其我和清藤君特別贊同。因為我倆深怕回到日本以後，或會遭遇到意外的災禍。因而遂與孫君商量。孫君搖頭說：「這是非常亂來的主意。這實無異投肉於餓虎之前。」我對孫君說明回日本的不利，並主張可以冒這個險，但孫君卻絕對不贊成，並且搖頭厲聲說：「我的生命沒有便宜到以自棄取死的程度，如果這次企圖悉歸泡影，我也絕採取這種自暴自棄的方法。」我說：「今日我們三個人如果聯袂回日本，士氣勢將一蹶不振，而不能成大事。如果此策不可取，我倒認為不如停止一切，以待時機的重來。」我氣昂語激，竟演變為一場激烈的爭論。

我終於情緒激昂，而說出嘲罵的話。我說：「革命是不能打算盤的，如果說要等有把握時纔行，這意味着終生不為，秀才造反，三年不成是指你嗎？以後我再也不跟你共事了。」孫君也很激動。他說：「你發瘋了嗎？爲什麼不從這裡跳海以死？這樣做遠比乘夜光由九龍潛入內地還要好。」福本君首先走進他的房間。孫君更拍着我的膝蓋說：「你什麼時候開始變成這樣笨？」我答說：「你從什麼時候開始變成這樣胆小？」兩個人宛如小孩子在吵架。孫君聽我這樣講，遂舉手大拍我的膝蓋說：「你不是不知道我不是胆小鬼，你更很清楚我之不貪生。而今你竟這樣責備我，這是何種居心？」說完這段話的孫君，一直拍着我的膝蓋，而潸潸流眼淚。我倆無言少時。清藤君也到房間去了，孫君也相繼到他的房間，祇剩下我一個人。我擦眼睛抬起頭來，萬籟寂靜，祇看到街燈和星光的閃亮。我不堪沉思熟考，而終於也走入房間。

雖進入房間，躺在床上，但由於萬千的愁思所困，和幾乎要熔掉鐵的熱氣而不能入眠。因此，起來喝一杯威士忌，再度躺下床上時，竟有脚步聲停在我房前。這個人敲我的門問說：「睡了沒有？」因而知道他是福本君。我邊說：「怎樣也睡不着」，邊開門出去甲板上。他便對我說：「有可疑的人。我想睡他就來偷窺我的房間。也許是小偷，應該注意。」我倆遂在甲板上散步，這時我們看見兩個英國警察在那裡站崗；更發現清國警察在另外兩個角落佇立着。福本君說：「哈哈，我知道了，偷探我房間的就是這個清國警察的狗東西。」我倆互相苦笑一番，說：「這樣就很難逃脫。」於是又聯袂一週甲板。此時福本君忽然停步，拉着我的手指着說：「的確不能脫圍。往下一看，竟有水上警察的小汽艇，至此我纔知道我策之不可行。福本君說：「應該去向孫君道歉。」我遂前往敲打孫君的房門。他好像也沒睡着。他回答一聲，開門出來問我有什麼事。我告訴他我所見到的情形，同時向他道歉。他說：「好」，並跟我出去甲板上散步，看看實際情況後，苦笑着以示其有先見之明。我們向他叩頭道歉說：「我們輸了，以後萬事決定服從先生的命令。」我們告別後，又各回到自己房間去。

最親切者還是人心。心裡有愁思的人，再貪睡者也不能入睡。到了半夜兩點鐘，我仍然睡不着。我幾度藉着酒力而逐漸進入恍惚之境時，又有人來敲我的門。邊擦眼睛起來開門一看，竟是我親愛的政子女士。一見到她，我便忘記鬱悶的痛苦。我牽她的手，請她進來，問她怎麼來這裡。她說：「今天晚上有人在門外叫我的名字。出去看看，是位不識的洋人。他說我的情人在這條船，要我馬上去，但我不相信，以爲他在開我玩笑。可是他却一再勸我，且進來店內拉我的手，把我拖到碼頭，令我坐上帆船離去。這樣，我半信半疑地來到這裡。」我知道這個洋人是摩根君，因爲今天早上，他拼命問我，我所愛的人名字，並把它寫在扇子上面。他是瀟灑的拉法埃脫。因此我得做了場好夢。

船是我黨大總統的駐在所，同時兼爲參謀本部和交際俱樂部。所以同志之來往如織，令人大有繚亂眼花之概。惟本部的方針至今未定，而黨員的催迫却爲甚急。本部人員之所以頭痛，其理由在此；而我之所以需要酒和政子女士的力量，以及摩根君之所以可貴也在此。小人而欲爲英雄之所爲，眞是麻煩。

翌晨還沒睡醒時，孫君來把我叫醒，並把我帶到另外一室說：「現在有一個問題，我想聽聽你的意見。」他更小聲地說：「前些日子，我友（何啓—譯者）和香港太守（Sir Henvy Arthur Blake 1840—1918—譯者）密會商議一件事。太守之意要李鴻章以兩廣爲根據地宣佈獨立（當時李鴻章是兩廣總督），用我行新政，他（香港太守）將暗中爲其保護者以策無事。他以此事說服李，李也爲了年老後的紀念贊成此舉，惟拳匪之亂漸盛，京廷促李急切北上。李不堪其情，將於今日北上。但太守欲扼此處，以阻止其行，並約定於今日十一時與李密會。李若停止其行，太守將解除保安條例，擬令我登陸，與之密談，昨日深夜派人來問，我是否有意上岸參加密談，並問我對於此事的意見如何。

孫君繼續說：「李既無義理之信念，更無洞察大局之眼識。且已年老，功名亦非其所深求。因此，太守之諫止終不爲李所接受。惟此亦爲旱天之片雲，爲預測萬一，我願聽聽你的意見。」我答說：「事情如果已經進展到密會的階段，那就參加好了。將來的事，請由你的意思和手腕去決定。」他點頭說：「好」，並以有可無不可的心情等着消息。到黃昏，消息來了，它說：「李決定暫且到北京。」於是此事又成畫餅。

外國之對待中國，常着眼於表裏兩面，並發揮其手腕於陰陽兩道。是卽在北京，各國皆爲滿清的保護者，在另一方面她們却又要儘量利用秘密會議以通其款曲。譬如某國與拳匪勾結以圖謀事，另一某國便串通地方的大官以應付萬一的變化；如果某國勾搭清廷以謀事，另一某國就與秘密會勾結以對付。換句話說，他們以北京爲外交術的角逐之處，並以秘密會爲發生正反情況時的避難所。其形迹實歷歷不可掩飾。例如香港太守之在拳匪事件當初，企圖擁李令兩廣獨立，使孫執政權，可以說是新的計劃。蓋太守以爲，兩廣如能成爲他隨心所欲，南清之事不足慮，更可以制法國之先機。而爲它最好的方法就是拉攏李。李如果答應，起來反抗的將是秘密結社。因而需要拉攏孫，亦即需要李和孫握手。如果李和孫能夠言歡，太守可以不費一兵而能使兩廣獨立，他更可以立於其上以駕御。這是他的如意算盤。這個如意算盤甚至進展到距離實際一髮之間的地步。可是它却在所謂一髮之間的地方消失了。雖然消失，但它的氣勢却仍然存在。誰能乘這個氣勢？清廷力量之不足以保持中國已爲天下所共知；而不可能把整個中國分割爲我有也是衆目所共睹。若是，以國家爲基礎而欲染指中國者應該怎麼辦？這是該與君子國談論的問題。嗚呼君子國！你是否仍然迷惑於保全或分割中國的夢中。我們自當刮目注視列強在背後之所爲。

此日來訪者接踵而無寸隙，入夜討論方針，參加討論者有福本、清藤、原、平山諸君和我。大家都遵照孫君的提議而說：「福本君留在香港從事準備，若果準備不如意，就以現在的力量來舉事。」至於舉兵，則以鄭君爲大將，以原、楊飛鴻兩君爲參謀，以福本君爲民政總裁，平山君爲副總裁。對這個構想雖然有些意見，但最後還是服從孫君的意思。於是年孫君更命令大將鄭君以軍事上的方略。其他的日本同志也決定幫助鄭大將進入中國內地。是即玉水君、野田君（譯註八五）、伊東君（譯註八六），都在香港等着風起雲湧的時機。商議至此已有所決定，佐渡丸也拔錨動身。

經綸策劃悉遭敗績

無論何時看，令人懷念的是故國的山水。前此告別的琵琶湖和富士山，現在似以笑臉迎接着我回來，不過這是因爲心裡有所思，纔會覺得山峰上掛着白雲。

火車抵達横濱後，我們與孫君告別而到東京；我和清藤君潛往芝浦海水浴場，得知內田、末永鐵巖（末永純一郎—譯註八七）二君爾後的情況；更得悉末永（節）、島田二君正在上海叫合同志。不久，諸人探出我們的居所，由之又出現一個梁山泊。因此不出一週，我們的錢包便所剩無幾。此時留香女士來訪。我出發後，她搬到不忍池畔（在東京上野），再度淪爲藝妓。她說：「我家祇有我和家母，所以很方便您藏住。」我接受了她的好意，而首次成爲藝妓的食客。至於清藤君，則寄居她姊姊家。

我身似在閒地，實則不然。這正是百尺竿頭更進一步的機會。在東京的同志日日密集黑龍會商議方針，內田君督促其部下四十多位同志，決定投入鄭君之軍，其中一部份人馬，且已往九州出發。不過，這時原禎君却突然從香港回來。過幾天，福本君也相繼回國。孫君爲之甚爲氣餒，認爲日本的首領級人士既然這樣歸國，同盟的意氣必然沮喪，中國的同志亦必大失所望。他的心情，似已絕望於南方的舉事，而欲進而起波瀾於中央之地，停止內田君及其部下的南行，更透過末永（節）君等，以停止同志的南下，並決心帶領內田君等二、三人到上海。不久平山君來電，說他已經回到長崎。因此遂電告他孫君將往何處。所以平山君便在長崎等着孫君，一起到上海。（譯註八八）

這時恰巧發生唐才常事件。孫君一行到達上海時，清廷官吏之探索維新黨極爲嚴密，孫君爲之無法伸展其志望，而空手回日本。旋即有一線光明閃於天邊之一角。孫君欲偕內田君到台灣，惟此時內田君的心已向朝鮮，乃改帶清藤君赴台。

不久，由台灣來電說：「六日惠州將起義。」我和原禎君到橫濱去訂購中國服，大約完成準備後等着下一通電報。隨則電報又到。它說：「請準備送械。」這些武器原爲菲律賓志士所購買，惟當時日本政府的警戒太嚴，致使未能運出，而據說仍然保管在小倉商店（譯註八九）裡，菲律賓的舉事既然失去機會，現在這些武器自無使用的餘地。因此孫君商得菲律賓志士的同意，借爲己用。爲此，原禎君先任交涉，爾後我也一起擔任此事。由此中村彌六的非法行爲漸明，進而發見其僞造文書，而成爲黨的問題，更發展爲開除他黨籍的問題，在事情分歧，空費時日中，惠州之事中止，孫君也回來了。它繼而成爲裁判問題，更演變爲神鞭知常（譯註九〇）先生的仲裁，而終於在紛紛擾擾中結束。但孫君並不失望，而命令我到上海，這是最後的一策。

在到上海之前，我認爲事還可爲，但淹留二日，知道事不可爲，乃回日面報孫君。孫君也因爲瞭解其事難成，所以沒有責備我，而不得不暫時停止一切活動，至此，百望全去。

旋卽孫君慢慢告訴我說：「你到上海以後，同志之中說你是非者甚多。」他出示我一信，並說：「請你放開胸懷，不要對他們生氣。事成爭功名，敗則將罪稼諸人，這是古今人情之常。但不知其情而不憤怒是常人，不過惟怕由此而陷於不明。因此我保存此信給你看。知情而不氣忿是英雄，請你萬勿失去向上之心。」他等我看完了之後，就把它付之一焚，而呵呵大笑說：「你的胸懷如有怒心，就請你像這樣把它燒掉。」言意懇切。因此，我覺得心情有些輕鬆。可是，不愉快的念頭，還是不能完全拭去。

我告辭孫家囘東京，在留香女士家裡過一夜，次日造訪犬養毅先生。他見到我笑着說：「你不是妖怪吧。大家都說你不會囘來了。同志之間這樣彼此說壞話不好。可能有些事意志沒溝通。大家聚聚喝喝酒吧，我來準備地方和酒菜，明天就辦。」我謝謝他的高情，並親自到諸同仁家轉告此意。我抵達對陽館時，該館主人夫婦異口同聲說：「歡迎您囘來。您不在的時候，種種中傷，不絕於耳。說您携帶一萬元潛逃，說要您的腦袋。您有沒有碰到可兒先生。他接您去了。那您是妖怪，沒有腦袋纔對。」他們縷述以後的情形，且說個不停。嗚呼，我是凡夫。我表面上雖強作笑臉，但心底裡却亂亂滾。我志雖向上，但怒氣却衝胸。惟由於一來有孫君的忠言，二來有犬養老先生的厚誼，感念知己猶存，而勉強自慰。翌日，武田四秋君來訪，一起到犬養先生公館，諸位同仁已經在場，不久便上座。主人的犬養老先生開口說：「不見不談，意志容易隔閡。此會之意在於重溫同志的舊誼，請邊喝邊談，但願由此而能消除歧見和誤解。」喝一口酒後，內田君便問我說：「中村彌六事件如何了結，請詳細說明。」我答說：「我不能不遵守守密的道義，除非獲得神鞭先生的允許，我不能吐露。」這一天，神鞭先生該來而還沒到。可是內田君却硬要我說。我斷然拒絕他。於是他的質問一變而為嘲罵，說什麼你這個傢伙是不是被中村籠絡了？你為什麼不把中村幹掉等等，信河開口。我很害怕打架，但却又沒有甘受人家嘲罵的雅量，至於我之所以未用拳頭，是因為我還懂得一點禮貌。此時我的怒氣已經衝天。因此，我所答的語氣，也就異乎尋常。對於是不是被中村籠絡了這句話，我說你有懷疑我的自由；對於他說為何不殺中村，我答說認為有必要殺中村者殺他好了，凡此，如今回想起來，實有如小孩的爭吵。當感情走極端時，人都會變成小孩這種說法，似指上述情況而言。內田君終於罵說要打我。我說你敢。這是何種丟臉。他以迅速不及掩耳的動作，把桌上的碗往我的頭打過來。頓時我忘記了禮貌和向上之志，亦即忘掉應該遵守的事情。所以我不知道我是怎樣站起來，和怎樣跟他幹起來的。等到兩個人打到走廊，被各位同仁制止時，纔漸自覺，並祇覺得熱熱的鮮血在流着。有人把我帶到另外一個房間，並給我很懇篤的照顧。不久醫師趕到，並給我治療。十幾天後，我全癒了。但這個創痕在我前額竟成了新月形。這眞是我失敗的好紀念。

與孫逸仙書

我自己很努力於想做有宏量的人。白天跟大家在一起的時候，並不覺得怎麼樣，但當夜深人靜，感覺創口之痛時，我一再地在心裡流着悲憤的眼淚。我深感人情之不可恃；又覺人心之可怕，從而終於產生疑人之心。日本同志之中疑我恨我，既如上述。至於孫君的衷心究竟如何？他眞的對我一點都沒懷疑嗎？人情之薄弱，或不可能如此。若是，不如自動詳述中村事件的經過，以釋疑義於萬一。於是我終於在病床上執筆草成一文，寄給孫君。這又如婦女之情。其文曰：

孫逸仙先生足下：辱承訂交，匆匆四載，說短是短，說長也長。在這四年，交誼日深，但無私情，謀議建策，大事數度幾乎就緒，但又蹉跌。惟萬世道不盡，活用自在人心。此交情與道義不可變易，但此謀策究竟不該有。蓋先生與我的情誼，乃由天緣，自當如此，而先生的厚意，實亦在此。大事雖敗，我之所以不絕望於現世；雖錯活用之道而仍不引咎遁世，其理由完全在此。前此奉先生之命，暫時將同志解散，而擬與先生尋機圖謀東山再起，由之，我成爲衆怨之的，這是意料中事；今日罵聲四起，橫行中傷離間，亦不爲異。先生高明，知我心事，自不需區區之陳辯，惟先生與我，皆尚未達至聖靈通之境，所謂不立文字拈花微笑，亦一時難以企及，乃不能保證風雲不阻隔先生與我之間。因此倣俗人之所爲，執筆詳述中村事件之經過，以表明我的心事。先生若有疑雲，請以此釋解，如無，則請一笑棄之。我重義理，念情誼。故有此愚蠢之舉，請勿見怪，請勿見怪。

前先生由台灣電命送械，我遂與犬養、原禎兩君商議其方法。大家認爲此事很難，但又未即時與中村商量，理由是，因爲前事，我們對他已有所懷疑。惟此事，自始就爲中村單獨所交涉，不許第三者插足其間，因此無從洞察其微妙，殊以爲憾。此時正好有中村將巡遊地方之說。我們認爲這是好機會，乃由原禎君往訪中村說：「孫君來電命令準備送械，且隨時有電命即送之可能。命令一到，不容逡巡曠日，故請你暫緩其行，俾親自辦理此事。否則，請指定人代理。」中村說：「我已與大東（譯註九一）有約，不能延長行期。最好等我回來東京後再說。」原禎君說明理由，堅決反對，中村亦無法拒絕，乃囑託原禎君以委任狀。原禎君由此開始與大倉見面。

原禎君往訪大倉要求領取子彈，大倉却說：「時機不對，現在不能交付。」原禎君責備其橫暴，因爲這些東西早已付款，所有權已屬於我們。他答說：「東西雖然屬於你們，但決定輸送的時機，乃是我們的權限。這在與中村的契約書中寫得清清楚楚。」原禎君聽之非常驚訝，因而强硬要求檢查實物。大倉說：「這批子彈現在仍然保存在陸軍省倉庫，連我都不容易見到。」並說：「二百五十萬顆，怎麼能一一檢查？」原禎君答說：「我曾任職陸軍，故還算是內行人。雖不能一一細查，但用這樣這樣的方法便可知道其大概。」於是大倉便對原禎君說：「這批子彈原爲廢物，眞能用者恐怕衹有百分之幾。故不如伺機輸出國外以博巨利。這豈不是中村君和你們所希望者？」在大倉心目中，原禎君是中村的一夥，而纔告訴他實情。於是原禎君遂到犬養先生處，同時以電話請我過去。我趕去並聽原禎君報告之後，纔知道以上的情形。

付款購物，所有權當然屬於我，但卻不能搬動東西，不許點查，最後說是廢物，且勸我們拿去牟利。天下那裡有這種怪事？對此，我們茫然自失，不知所措，而衹有責罵中村的背信行爲，和後悔自己的不敏。因此電告先生說送械難。先生復命把它換成現款並即刻滙去。所以犬養先生遂親自往訪大倉，交涉賣子彈事。大倉說：「如果一萬二千五百元，我們可以買回來。」犬養先生說：「化了六萬五千元的，現在衹能收回一萬二千五百元，這實在太酷了。」大倉打斷犬養先生的話而說：「不是，我們衹收到五萬元，其餘的不淸楚。而且，這五萬元大多給中村，我們拿得很少。因爲據說，中村後面還有許多人。」由此我們知道，在這過程中，中村拿了不少錢。但我們還不知道他是出於僞造私信的奸策。犬養先生說明彭西君（譯註九二）和先生的現況以求大倉的同情，並强求他付三萬元。大倉無法峻拒，請求暫緩回答的時間。兩天後，大倉派他的親信訪問犬養先生說：「願意另付二千五百元，其他要求都不能答應。」大倉的意思是說，要以一萬五千元買回這些子彈。至此，我們又陷於束手無策的境地。

旋卽犬養先生提出一個計策說：「中村的舞弊行爲旣屬明顯，他侵呑的金錢應爲不少。因此他的罪責固不可原諒，但今日徒責其背信亦無濟於大局。而且，此事一旦爲世人所得悉，他的地位卽時將墜地無遺，終不可恢復，果若如此，也是可憐。所以不如設法使他自動拿出其所侵吞的金額，加上大倉的一萬五千元，以應孫君之急需。惟中村平常似在假裝淸貧，以晦其背信行爲。故如直言實情，迫他拿錢，他一定不會同意。此間的銜接，尤爲難題。因此如能先了結對大倉之案，並令大倉在表面上說其案尚未了結，等中村回來，由大倉做形式上的交涉，並由大倉規勸中村，中村或會以大倉名義拿出錢來。這樣做，既不會使中村的名譽受損，而又能使中村贖回其罪科。中村所能拿出的金額，或不能令孫君滿意，但要應急需，實衹有這一方法而已。」我和原禎君很贊成這個好主意。

在這以前，先生一電告惠州起義軍，我和原禎君便到橫濱去整裝，準備儘早了結此事。惟因如上所述，終於決定等中村回來再說。這時，義軍的捷報接踵而來，我們眞是歡喜若狂，魂飛肉跳。不久中村回來了。我往訪他並說：「大倉以時機不對不肯送彈，因事屬不得已，故電告孫君以上述理由，孫君復電要我們換成現款卽時滙去，於是由原、犬養兩君向大倉交涉，但大倉却說衹能拿出一萬五千元，實在無可奈何。現在惠州的情況是這樣這樣，孫君的處境爲那樣那樣，希望你能憑義心說服大倉，令他拿出三萬元，以應焦眉之急。」中村有些躊躇。因此我遂厲聲說：「此關東方大事，不容逡巡。又，子彈事如不告一段落，或會長遠煩累到你。」他濶然似有所覺悟，說「好」而竚立起來，馬上拿起電話，約見大倉。他與大倉約好後，我便告辭回家，以爲妙計應驗了。

次日，我往訪中村。他說：「昨天雖與大倉約好，惟因臨時有事，而未能見面，現在正要去見他。」我遂在他門口和他分手，他去見大倉，我回家。這天下午，犬養先生來電話請我去，趕到時，原禎君正在犬養先生書房跟他談話。原禎君的言行，不像平常那樣沉着。我不勝詫異而就坐。我從頭到尾聽完他的話之後，纔知道事情的來龍去脈。

原禎君對我再三報告說：「我去見了中村，他說他跟大倉見面剛回來。我一看他的臉色，就知道他心不安。果然，他見到我便憤然說：『犬養先生是不義無情的人。我跟他做朋友好多年，今天纔知道他的性情。大倉怎麼可以隨便罵我？大倉是何許人？不是一個商人嗎？我和犬養先生的交情如何？我們不是以天下爲己任的政友嗎？可是他竟向一個商人說我的壞話。這是何種居心？他真是極卑鄙的人物。』『中村的狀態，有如瘋子。他這種以强辯飾其非，中傷犬養先生以自逃的做法，實在不可原諒。我非常激動，幾乎不可制止。並很想予以反擊。但我忍無可忍，不發一言而退，完全是由於考慮其善後。但鬱積之氣終於無法控制，因此纔來這裡發洩。』」

是卽中村到大倉處勸其拿錢時，大倉似反而對中村有所勸說。大倉的話，談到中村的舞弊行爲，從而以犬養先生的話（卽五萬元與六萬五千元的差異）來證實中村的舞弊行爲。由之，中村覺察他的朋友中已有人知道他的舞弊行爲，因而周章狼狽，欲以强辯掩飾其非，尤其對原禎君表演這個狂劇。何況他比我們知道更重大的惡事？這是什麼？就是僞造私信和私印。

翌日，我去訪問中村，原禎君已經在場。我裝不知悉原禎君昨天所說的話，而問中村大倉怎樣答覆，他大聲厲色說：「今後我不再過問子彈的事，從此我要跟你們分手。」我問其理由。他開口罵犬養先生，他所說的跟昨天原禎所說的相同。我靜聽數刻，等他說完話後我說：「這不是犬養先生的事，而是孫君的事；否，不是孫君的事，而是天下的大義。聽你的話，你好像因為犬養先生而要拋棄這個大義的樣子。但這是不是合理？你和犬養先生的爭論，可以留待他日，現在請你趕緊辦此事，以應孫君之急需。同時請你千萬不要以私憤而拋棄天下的公事。」他閉耳晦心，聽不進去我的話，而強詞奪理地繼續說犬養先生的壞話。我仍然忍耐，重說數次。但他還是馬耳東風。我的氣憤終於爆發，因此我臭罵他一兩句，而與原禎君離去，但還沒暴露他的背信行為，這是由於顧慮到善後所致。

如此這般，第一個和平階段告吹了。但大倉所答應的款額亦不能不要，惟搞丟以前大倉與德國商社（凡伯爾加公司——譯者）所訂的交換物品書，所以非再要到凡伯爾加公司名義的文件不可。但此事又不得不拜托中村，無奈，終於委請福本君與中村交涉，經由中村獲得凡伯爾加公司的文件，纔得解決大倉方面的懸案。福本君的努力，實在值得我們贊揚。

中村既以自棄之勇排下背水陣，我們也就束手無策。但他自知他做了大壞事，怎麼能心安理得？於是遂出於卑策，遊說進步黨的一部份，以曲辯煽動他們說：「犬養先生之所以中傷我，乃是為了摧殘革新黨的勢力。」這時，犬養先生還沒公開他的舞弊行為；中村祇是由大倉之所言，隨便推斷，不能自安，而預先曲辯，為之伏線。由此，世人逐漸以為他和犬養先生的交情惡化，因而有人往訪犬養先生問其究竟，或以書信相詢。至此，它漸成為黨的問題。但犬養先生還是沒有公開它，而祇告訴黨的二、三位的領袖而已。先生從台灣回日本，正在此時；而由先生所出示纔發覺中村偽造私印和私信的事實。

此時，古島君突然來看我。他略知這般的情形。他說：「昨日中村求見我。我很久沒看到他。他這樣做，好像與你們的事件有關係。可以不可以往見？」這天犬養先生到仙台，不在東京。我鼓勵他往見。他去了。回來後他說：「果然，他在表面上裝得很强硬，但內心實在非常煩惱。他的意思是，似要我在適當時機為其居中調停。」犬養先生回來後，我告訴他這件事，他很高興，因為他希望能夠和平解決這個問題。

不久中村透過古島君求見犬養先生，這雖然是由於他心不安所促成，但古島君暗示他其利害關係也是重要的因素。犬養先生答說：「我很願意跟他見面，但請你轉告中村，地點不能在料亭、酒店。又見面時，一定要一兩個朋友作陪，請就神鞭、僉南（譯註九三）、平岡三個人當中選擇，場所必須為上述三個朋友當中一個人的家。」古島君將此意轉告中村，爾後向犬養先生報告說：「請於某日在僉南家見面，作陪者將為神鞭和僉南。」見面日期已到。犬養先生令我抄寫中村所偽造的文件給他帶到會場。見面後犬養先生回來說：「中村的演說幾乎達兩個小時。其巧妙的確足以掩飾其非。我看不必議論，因此沒有多言。我終於拿出兩則偽造文件給他看說：『你所說的好像都很有道理，但請你看看這些文件。』他沒話說，叩頭服其罪。」

這個會面是秘密會面，自不便公諸於世，與會者也皆為中村守密，而中村亦服其罪，以為補償。由此又產生一線的希望。這時，萬朝報刊載和批評中村的不義行為，它雖未提及僞造文書，但他的名譽和政治生命幾乎掃地。中村之狼狽，不待煩言。此時恰好內田君求見中村。內田君以胆腕之力著稱，所以有罪惡的中村恐懼萬分。但我們並不知道有這件事，而由古島君提起我們纔知道。古島君且說：「中村胡猜以為這是出自犬養先生的敎唆，因而好像很恨犬養先生，這對事情的進行不僅有害，而且將令世人誤解犬養先生為刻薄的人。故請你們善為處理。」我們更聽到萬朝報之出於此舉，也是出自內田君之意，於是遂去請內田君能中止事件的報導，和延期與中村見面。他斟酌情況，同意這樣做。可是萬朝報却不但沒有收回其筆鋒，並且暴露僞造文書，以證明中村的舞弊行為。這是等於宣告中村的死刑。因此中村採取毒辣的決心。由之和平手段又告消失。

中村方面既如上述；至於犬養先生方面也發生新的問題。什麼問題呢？就是黨處分中村的問題。亦卽僞造文書事一見報，大家便紛紛對犬養先生要求處分中村；而犬養先生亦再也無法袒護他，因此暗中勸告中村脫黨，但中村却不肯，於是遂不得不以總務委員的權限開除他的黨籍。

和平手段既告消失，所剩祇有一策，就是訴諸於法。可是中村曾對犬養先生說要賠償，所以需要獲得他確切的答覆。因而携先生之信往訪中村，當然這是一種手續。中村對先生的答覆竟如是，先生非常生氣，希望訴諸於法律。我們也贊成。居於中間的古島君亦知無其他方法可想，因此並不反對我們的決心，以爲事非得已。我們且決定請三好退藏君（譯註九四）爲律師。這時雖有後藤君事件，但終無結果，先生爲之更憤怒，我們也很氣忿，至此，要訴諸於法律的決心更加堅定，蓋這是騎虎之勢。

此時，在犬養先生處，我偶然碰到內田君。他問我事情的經過。我說明其大略，並告訴他將進行訴訟。他很贊成，並說：「你們既然有此決心，希望你們以堂堂正正的態度與中村爭長短。」他又說：「我有一個名叫櫻井這個朋友（譯註九五），略知此事而非常憤慨，他很願意義務爲孫君出力，請你跟他詳談。」我同意這樣做，犬養先生也很贊成。於是決定以三好君爲主任律師，以櫻井君爲副的律師。

隔日，我的親戚一木君來信請我去。我往見之。在座有福井君者，說是中村的朋友。一木君首先問我說：「你是不是要把中村置於死地纔甘心？」我答說：「不是。」他又問犬養先生的意思如何，我答說跟我同樣想法。他搖頭說：「犬養先生之對付中村實在殘酷，利用報紙，開除他的黨籍，以這兩件事，人們已經以爲犬養先生是無淚無血的人，而今日據說更要訴諸於法律。這不是欲斬中村反而自損的舉動？以犬養先生之明，爲什麼不知道這個利害關係？」我對他說明事情的來龍去脈，以爲犬養先生解寃，並說：「犬養先生不是不知道其一身的利害，而是爲了對孫君的義理和對他自己的責任，他沒有工夫顧到他本身的利害而已。」他很有解色，因而突然變其語調說：「是嗎？如果是這樣，這不是你發揮你本領的時候嗎？你一向受犬養先生的照顧很多，這正是你報答他的最好機會。」我問他這是什麼意思。他端正其容說：「如你所知道，我比世人更清楚犬養先生的心情，但從外邊來看這件事，連我都覺得犬養先生是無情。現在經過你的說明，我雖然已經冰釋了，但世人就這件事並不知道犬養先生的心情，更無從冰釋他們的誤解。這對犬養先生不是很可惜嗎？中村的舞弊行爲或許是事實，但他不是你們曾經信賴並託之以大事的人嗎？如果他有不是，你們也不能辭却不明之咎。因此不如放開心胸，寬待中村，以拂拭世人對犬養先生的疑惑。」他的話，情理明晰，我的心爲之甚動。惟中村這個傢伙，奸智絕倫，善於隨敵情搬弄緩急之策，我深知其無可濟度，所以沒有接受他的忠言。他說：「中村今天早晨來請我攞解。」

此日犬養先生來電報請我去。他說：「今天神鞭先生來看我，拼命說我不應該追究中村，我一一予以反駁，但他還是以好像很不滿意的心情離去。臨走前，他要我轉告你：他很想跟你見一面。今天晚上他在紅葉館，請你去看他。」這天我本來和先生約好在古島君寓見面後一起要去看律師三好君的。因此，我遂坐車直往古島寓，在這裡和先生會面，一道到三好君事務所，三好君沒在，於是跟先生分手，到紅葉館去看神鞭先生。他把我帶到另外一個房間說：「我想跟你見面，是爲了中村的事。你們可以不可以稍微放鬆攻勢？」我向他大略說明事情的經過和非訴諸法律不可的理由。他說：「我也大致知道其經過，惟我是犬養先生的好朋友，你也是，而且你又是孫君的至友。你和犬養先生爲亡命異鄉之士盡力的高誼，我實在非常欽佩，但如你所知道，中村和犬養先生是多年的政友，可是現在却爲讓孫君活而要宰中村，這能說是仁者所應做的事嗎？犬養先生說，他沒有爲奸智抽吸亡命志士之膏血者流的眼淚。這是有理的。有理是有理，但人的眼淚不是要爲理流，而是要爲情流；人並不同情强（優）者，而同情弱（劣）者。你們如果一定要幹到底，世人將同情中村，而視犬養先生爲無血無淚的人。現在，如從九死之中拯救中村，卽等於完成孫爲犬養先生洗冤，從而保全犬養先生的盛名。你爲什麼不想想拯救中村君的志業，同時能保全犬養先生盛名的辦法？」我告訴他一切辦法都想盡了，所以纔決心採取這個手段，但他却搖頭說：「事還有可爲，祇要你同意，我願意負責中村方面，請你不要堅持一定要多少錢，由我向中村能拿多少算多少，請以這個金額安慰孫君。」他的至情，令我感動，於是同意這樣做。

神鞭先生又說：「你如果願意接受我的請求，請卽時停止訴訟的手續。」我說：「不行。我們與三好君約於後天見面，現在祇剩兩天時間，先生與中村的會談，愈快愈好，不可拖延。」他說好。同時又說：「我對金錢事非常生疏，因此最好有顧問。」我推荐古島君，他也同意。

兩天後，我們又和犬養先生在古島君處見面，然後一起往訪三好君。三好君說：「對於中村的罪責當然有一定的法條，惟此事係一種陰謀，因此有關人士也都將被傳訊，而且牽連到四個國家的人，如若致成空前的疑獄，恐得拖上幾年纔會有結果。」由此，犬養先生的決心爲之動搖。而如果中村知道三好君所說情況的話，他很可能要頑固到底。所以，我們對於朋友們（包括神鞭先生）都守密在表面上正準備訴諸於法律，在暗地裡催迫中村方面的事。嗚呼，我竟終於成爲弄手腕欺騙神鞭先生的人。神鞭先生深怕我們馬上要告中村，因而趕緊與中村交涉，最後提出了中村的房屋（估價值一萬三千元），我們覺得這個數目太少，犬養先生也同樣看法，但我已經向神鞭先生保證不堅持金額的多寡，因此如果不得已，恐怕祇有我引責退到幕後，令別人與其另行交涉之一途。於是我問犬養先生等這樣做可以不可以，大家說：「如果因爲爭金額之多寡而談判破裂，問題又要回到訴訟，而若果訴訟，又如三好君所說，故不如採取妥協手段。」於是古島君遂到神鞭先生處說明犬養先生的現況，以有所懇請。神鞭先生嘆息說：「中村是到死還要耍花樣的人。」因爲他知道中村隱匿了財產。因此，神鞭先生自告奮勇要拿出一千元交給犬養先生，但爲了情義，犬養先生不肯接受，而請神鞭先生說服中村，令其再開出二千元的支票；又，犬養先生不願意拿中村的房子，因而決定收取前面所估計的一萬三千元，以了結這件事。是即它終於成爲八百勘料亭的聚會，而告一段落。這全是先生所知道的。

事實完全如前面所說；而如果要簡述各人眞正的心情，則不犧牲中村而爲先生盡義，這是犬養先生起初的希望；寧願犧牲中村，他自己因此，被人們認爲是無血無淚的人，也要爲先生盡義，這是犬養先生最後的決定。拯救中村於九死之中，使犬養先生不被人們認爲是無血無淚的人，這是神鞭先生的至情。不幸的是，我立於犬養、神鞭兩位先生之間，以及洞察這兩位先生的心情，更熟悉先生的情況，因此最感覺苦於施策。唯我自信先生能完全信任我，所以纔敢毫無躊躇地去交涉這件事。

我要講的話，已經大致都講完了，現在回想起來，我不禁吃驚於我竟寫了這樣冗長的信，並愧於這樣做的愚蠢。但令我不得不出於此的是誰呢？自知愚蠢還是要這樣做是爲了什麼？這是由於深怕人情之容易阻隔所導致，而我之所以怕它，完全是希望我與先生的交情屬於萬世。請先生勿笑，幸甚。

惠州事件

嗚呼，夢之何其煩。當煩苦惱夢人時，非律賓獨立之夢成爲過去，惠州義軍之夢亦成泡影。關於非律賓的事，天下人皆知道，但對於惠州事件未必盡悉，因此，我想來一番痴人說夢。

一九〇〇年六月，孫君和我們由橫濱往香港出發時，曾經事先命令廣東的部將，召集六百壯士於三州田的山寨（三州田位於廣東大鵬灣附近，由香港舟行大約一日處），迨至船抵達香港，再發佈佈置設施號令，孫君則由香港經由西貢到新加坡，我們在香港辦完事後直往新加坡，在這裡碰頭後一起商量和決定各種方針，然後接踵回到香港，由間道潛入三州田的山寨。這是我們的大致方針。惟由於在新加坡發生疑獄事件，我和清藤君被宣佈五年的驅逐令，孫君和其他同志也無法藏身，因此遂同船回到香港。

這時，三州田山寨雖然已經佈置就緒，六百壯士也都到齊了，但他們祇有三百支洋鎗和各三十顆子彈而已。惟黨中有暗地裡與廣東省城某營的隊長通款者，且與其有以重金密買武器之約，孫君因而給資令其進行此事，同時命令收買小汽艇，以爲潛入三州田山寨之用。此時，香港總督忽然下令驅逐我和清藤君；我們雖有冒險潛入大陸的主張，惟因警察的嚴防而未能實行。於是孫君遂命令固守三州田山寨，以待後命，而不得不跟我們同船暫時囘到日本。

孫君囘日本幾個月（譯註九六），雖東奔西走，計劃不少，但祇有十失而無一得。由之三州田壯士的糧食日減，所以使分散附近各地，寄食於同志之家，祇留八十人以防守山寨。幾個月來，凡誤入寨中鄰近的村民，皆予以拘留，不許出去，以防止天機的洩漏。因四周村民祇見有人進入山寨，沒人出來而逐漸懷疑，風說亦隨之而起，說是三州田山寨裡有人準備謀反。一傳十，十傳百，誇大其詞，終於人馬有數萬之衆的傳說。因此兩廣總督（德壽）便命令水師提督何長清，率領虎門的防軍四千人進駐深圳，又命陸路提督劉萬林，將惠州府城的防軍進至淡水、鎭隆，以阻塞三州田的出路。淸兵以我軍衆多，不敢冒犯，疑懼逡巡，似不知所措。是卽我軍的聲威雖大，但在實際上則極其寡弱，所以如果敵人以八千軍兵直進，一朝一夕，必可擒我。寨外的同志深以此爲憂，致電孫君，請其指示。孫君傳令說：「天機旣然洩漏，最好暫時解散，以迴避敵鋒。」反此，由於三州田的壯士深知敵情，故不敢直攻；又恃天險，而不欲輕易放棄山寨。因此再度寄語孫君說：「若能送彈至廣東某地點，並明示其地點，則一氣突圍出去取囘，以打擊敵軍。」是時孫君在台灣，而再次傳令說：「如能突圍，卽往廈門，至此處或有接濟之道。」孫君之命令我們準備着手送械卽在此時。而中村舞弊行爲的發覺，卽由此開端。

孫君的命令還沒到達山寨時，水師提督何長淸已將其前隊二百人移駐沙灣，且將進而窺探三州田。我軍因早已得悉此事，因而以爲坐待敵人，不如制機先，振士氣，以破敵胆，因此領袖黃福遂率領山內八十壯士，乘夜襲擊沙灣，殺敵兵四十多人，其餘衆全部潰走，奪得四十多支洋鎗和數箱子彈。由此我軍大振，天明乘勝追擊，擬以直攻新安城。這時大將鄭君由香港前來轉達孫君電報，於是更改軍令，取路東北，趨向廈門。是時我軍已在半路，聞令折回集於橫岡，以得前日集在三州田的六百壯士；而大股的同志五、六千，多集於新安、虎門之間。這些同志，本擬與三州田的壯士合力以攻陷新安城，惟半途改令，令基本隊伍往向東北，致使未能攻克新安，更失去合併彼此勢力的機會。這是由於固守遙遠的傳令所導致的失敗。

從此以後，鄭君繼黃君爲司令官，惟沙灣之役後，敵軍雖已潰走，但其中堅部隊並未受挫，其三千之衆，仍在淡水，鎭隆更有一千士兵；可是我軍六百當中，有武器者祇有三百多人，因此在平山，龍岡二處另行招得一千多衆，而令沒有武器者手拿戈矛以助聲勢，即時往鎭隆出發。此時敵軍已出兵佛子坳，扼嶮以迎我軍。我軍中持戈矛者在前面示氣勢，有武器者分成左右兩隊，匍匐上山，至敵軍兩翼，同時予以襲擊。敵軍大驚而潰，我軍乘勝追逐，殺傷甚多，此役俘虜敵軍數十人，其中包括敵將杜鳳梧；更奪獲洋鎗七百多支，軍馬十二匹，旗幟、號長、翎頂，不可勝數，子彈五萬多顆，是夜我軍駐劄鎭隆。

這時，有同志由惠州來報告情況說：「博羅城的同志不能舉事（這些同志期待着我們攻陷惠州城），清兵陸續趕來，現在已經有五六千人，其提督劉邦盛、馬維祺、莫善積之輩已到，鄭潤林、劉永福不日也將到達。如果敵軍統統到齊當有兩萬之衆。」鄭君深知衆寡不敵，故不急於進攻。早晨率隊進軍永湖，是日在路上有過二、三次小規模的戰鬥。夜間抵達並駐宿永湖，這是沙灣戰後的第五天。

在此以前，鄭君命令全軍不可亂來，因此沿道鄉民，以簞食壺漿歡迎，歡聲載道，鎗聲一絕，鞭砲聲隨之，財帛之獻，牛羊之饋，不可計其量。父老嘆說：「以往的革命軍，從沒有這樣嚴肅者，這眞是仁義之師。」同志來投者，多達數千人。

第六日早晨，隊伍由永湖出發，行軍數小時，忽然發現大群敵軍，這是退淡水的軍隊，集惠州的派兵於此者。其數大約五六千人，與我軍的數目大約相等，惟他們擁有一千多支洋鎗，但我軍士氣高昂，大有呑滅敵軍之概。於是持鎗者便往前衝，而予敵人以猛擊。戰鬥達數小時之久，敵軍大敗，四處逃奔，有的往惠州城，有的向淡水，有的逃至白芒花。敵軍的提督劉萬也受重傷。因而我軍四向追擊，獲得洋鎗五六百支，子彈數萬顆，馬三十多匹，俘虜敵兵一百多人，皆剪掉其辮子，用於軍役。

此夜，整隊後往白芒花前進，天亮時到達目的地。這裡沒有敵人的踪跡。村民的歡迎，非常勇躍，同志之從軍者五六千，我軍由之達一萬多人。此日在此處籌足軍糧，以準備遠征。這是第七日。翌日黎明起程，向廈門開始進軍，路上未見敵人，惟人衆繁雜，紀律未備，爲之行程甚爲緩慢。而沿路的村莊，屋宇極少，不足以容我軍，所以連夜搭帳棚爲宿，以至第十日。此夜，到達崩岡墟時纔得宿於百姓之家。此地也沒有敵人。第十一日凌晨，發現敵人於沿河，我軍遂據崩岡墟爲營壘，布陣接戰，應戰的敵軍七千多人，相持不下，我軍終於徹夜固守營壘。第十二日的情形也大同小異，仍然相持不下。入夜後，我軍以小隊襲擊敵壘，以至凌晨。敵軍稍稍退却，我軍傾巢而出進攻，苦戰數小時，敵軍終於潰走。日沒後，收拾我軍，復入橫岡，整理行李，準備動身。因爲這日的戰爭，我軍子彈幾乎拂底。而且將長途行軍，因此不能追擊敵軍。而缺乏子彈，實爲司令官所最憂慮者。所以唯有趕到廈門，以期待外來的接濟。但這期待終於落空，中村之罪，誠屬非淺。

第十四日，舉隊起程，是夜投宿三多祝。翌日，四鄉的同志來投軍者甚衆，前後總數達兩萬多人，是日，停止隊伍，大事儲備糧食，因爲自三多祝到梅林之間，四、五日的路程，沒有大鄉村，恐怕無從補給糧食。第十六日，出發三多祝，晚間抵達白沙。

第十七日，將要起程時，有人從香港經由海豐到達此地，並傳孫君命令說：「政情突變，外援難期，則到廈門，恐亦如是，軍中之事，請司令自決進止。」亦即因爲中村彌六的不義，無法送子彈；而台灣的情形，又不許孫君潛入中國大陸。軍中接獲此項消息，士氣頓時掃地。於是遂召開領袖會議，大家決議說：「既不能期待廈門的接濟，卽不如退出沿岸渡海，再度回到三州田的山寨，設法由香港購買子彈，然後往西北，與新安、虎門的同志合流，一舉攻陷廣州城，以爲號令。」由之解散鄰近的來歸者，令其回家，留下持有洋鎗者一千多人，分由海陸兩路，而至大鵬。這時，三州田的山寨還沒陷敵；水師提督何長淸，剛由深圳將其軍隊移駐橫岡，因此同志們計劃襲擊橫岡，以便擒拿何長清。惟我既無軍資，亦無糧食，更未能購買子彈，而不得不空抱奇計，曲終人散。嗚呼，這是誰的罪過？

在此戰役，我軍戰死者祇有四人，他們皆為革命軍而死，其中最使我不堪其情回顧的是史堅如君和楊飛鴻君的慘死，以及日本同志山田良政君的生死。我被內田君打傷，而在不忍池畔療養時，孫君曾來看我，並示我一封信。這是史堅如君的兇息。它說：「他在廣東省城為清兵逮捕，不久就上斬頭機一去不還。」嗚呼，何以致此？十八歲的少年，美貌（或應該說是瀟灑—譯者）如玉，溫柔如鳩的他，先天下之憂暗通惠州的革命軍，單身潛入廣東省城放火，投擲炸彈於大官邸內，殺死二十多人，大使清朝官吏心寒，暗地裡為惠州軍牽制清兵，惟事被發覺同時被捕，而終於被處斷頭的極刑。（譯註九七）

從前，我們被逐出香港要回日本時，中日兩國的同志來送者很多，其中包括史君。臨別時，清藤君送史君一把日本刀。史君非常高興。但警察的監視極嚴，因此想盡辦法，將刀柄部份放在長袖子裡，把刀鞘部份插進洋傘，連說妙妙，揮着右手，邊游目四顧微笑而走去的風采，現在尚在我的眼底裡。可是這個人却已不在人間。噫。

惠州事件後幾個月，革命軍的敗將鄭弼臣君逃來。他脫掉胡服，穿著西裝，剪去辮子，留着普通頭髮，看來有如別人，眞是令人感慨萬千。他報告我們另外一則壞消息說：「當革命軍迫近惠州城時，日本的同志山田君（譯註九八）曾來協助。及至我軍欲回三州田時，他失踪了。實在令人耽憂。」而自此至今，已歷兩個星期，仍然毫無消息，殊堪憂慮。山田君到中國已經多年，知其情況形勢甚詳，性情溫純而寡言，其志高遠而熱切，聞惠州起義，隻身由上海趕來效勞。由此當可窺悉其志氣之非凡。他究竟在那一個天地逍遙？願他健在人間。

過幾個月後，又傳來一個壞消息說：「我黨領袖楊飛鴻君遭受刺客的毒手斃於香港寓所。」（譯註九六）繼而有更詳細的報告說：「這是清廷懸賞楊君之頭以四萬兩，無賴之賤民爲得巨款而幹者。」又說：「香港政府搜查其下手人甚急，因怕暴露此事係出自兩廣總督的指使，而遂自已捕斬其下手人。」在地下的楊君，或因此而能稍得安慰。否，除非越山楚水永遠回到唐虞之德，他們將不得瞑目。何時纔能如此，嗚呼何日纔得如此？

如今回顧，半生一夢，全是失敗的夢迹。追懷夢迹，而不堪痛恨的是非律賓事件和惠州事件這兩樁事。非律賓事件，如上所述般地失敗，惠州事件，又如此這般地告吹。想到這裡，我就是吃了中村的肉，喝了中村的血還是不能甘休。嗚呼，不止是我，我深信志同道合者都是這樣想。更何況孫君和彭君？不過話又得說回來，這完全是我之不明不德所導致，不能將其罪責全部歸於中村一個人。老實說，要責備他，不如責備我自己；求人不如求自己。嗚呼，我應該終生爲山門之人。

入山門可以，但我兒女將怎麼辦？他們沒房子住，沒飯吃，沒衣服穿，祇有到他們母親家鄉托其命運。若是，我妻將何等痛心。我不能捨棄他們獨自欣賞山月。我受過多少人的恩情纔至今日，在這期間，我曾連累到二三人破產或幾乎破產；譬如松榮料亭、對陽館旅館、香港七番、最近的留香女士，都是因爲我而困憊。我不忍心我要棄世而一拼捨去這些責任和情誼。

今日，留香女士的家也破產了一半。她曾幾次當她餬口的唯一資本的好衣裳以彌縫一時。她跟她母親之間，因此曾發生過幾次激烈的衝突。她母親經常罵她說：「你當妓女到這麼大把年紀，還被男人欺騙，實在太沒出息」；此時她就回答她母親：「你纔沒出息，叫你女兒去當藝妓，你應該還我清白之身」。我曾多少次想跳出她們家門沒成。這是由於我深愛她和爲義理束縛所導致。如此這般，留香的家愈來愈窮，她的衣服都送進當舖，因而不得不以其笨手彈三絃以餬其口。至此，我更陷於義理和情愛的深淵。

我寄食留香，預想不久就能再度潛入大陸，喚起風雲，但局勢却不予我。焉矣之間，月色早已白，但我仍懷一縷希望，與××、××諸君有所密議，惟此希望終於全去，我的命運已窮。窮則不得不變，我應該怎麼辦呢？因之我對留香透露新的夢想。

且唱落花歌

人生最大的痛苦，莫過於自己不能副外間的重望，這有如捧場的力士倒在摔跤場上。其初上摔跤場，左右兩脚先後高擧用力踏地時，所謂捧場者總是喊聲拍手如雷如霰，這時力士的心情是如何呢？他自沒有顧慮其榮辱的工夫；祇要能副捧場者的囑望就行。我曾經心懷所謂大志和大望。當然留香不懂得這些內情；但她以我爲一個前途似錦的力士而予以捧場是毫無疑問的。是卽其所以甘願忍耐前後四年的貧苦和心勞而不棄，實完全由於她一半的愛情和一半的囑望，相待相依所使然。無疑地，對於她來講，我確是一個其所捧場的力士；而對我來說，她不止是普通的捧場者。可是，我的意志却倒行，往令其失望的方向而前進。亦卽我決心脫離名譽的世界，擬置身世人卑視的境界，我且將此事明告留香。她之驚愕、失望，自非偶然。她流淚安慰我：「艱苦時，認爲這不是時機，暫時安於現境，等待時機，再謀事如何？」她看我的決心不可移易便又說：「我想你一定有你特別的原委，所以我會放心，但還沒實行之前，請不要告訴家母。」嗚呼，虛張聲勢「你瞧吧」的留香，至此惟有啞口無言，向其母親低頭。不僅她母親；她將被朋友客人們譏笑，爲其許多親戚嘲弄。嗚呼，這是誰人的罪過？

一九〇二年三月二十三日，我到芝愛宕下町的八方亭說書場，訪問桃中軒雲右衛門。他是時下第一流的說浪花節者，也是愛進舍的負責人。碰巧，他到橫濱不在，因而我遞一張名片給他的門徒。晚上我又去看他。他令我進去後台。我叩頭求他收我為徒弟。但他却笑而不答，好像不相信我的懇求。不過不相信也有其道理。因為我跟他既不認識，加以由於我找不到任何關係，因此沒帶介紹信就突然去托他這種事。我很後悔我的疏忽。恰巧座位有份「二六新報」。我拿起這份報紙，指着「三十三年之夢」說：「這是我所寫我的經歷，是我半生的懺悔。其用意在於希望棄世以進入浪花節之群，所以請您瞭解我的意思，並接受我的請求」。他似稍許瞭解，並面對我說：「好」，同時問我住什麼地方。我把它寫在紙上給他。他說：「明天有事到尊府附近，歸途我去看你，以便暢談」。遂準備好酒菜，一起喝了幾瓶，相約再會而告辭。

次日，雲右衛門師及其夫人來訪。我們在那樓上的四疊半房間相對而坐。我以師禮迎接他。他點頭後，拍着後膝自言自語說：「這不是假的」；他的夫人點頭笑了出來並說：「我們以為你在開玩笑，但現在我們相信了」。師傅的雲右衛門繼着說：「說實在話，我們是來調查實情的」。旋卽留香端來酒菜。我為重新締結師弟之誼，洗好酒杯獻給我師，我師則說：「但願締結兄弟之誼，你跟我學習藝道，我由你增廣見識」。至此，師傅的心纔冰釋，我的願望始得實現。於是我們喝了幾瓶酒，在微醉中分手。

但留香的母親和弟弟，到此時纔知道我的轉變。我聽到喃喃喋喋的聲音。留香來樓上邊哭邊求我，要我回心轉意，不要幹這個行業。我克服情感，作倔強的男子漢。

翌日，留香母親，東奔西走。留香悄然而有憂色。她再三嘆息自言自語說：「我又得去做辛苦的工作了」。從此以後，我在這個黑暗世界苦惱了十天，一直為義理和戀情綁住。

四月三日，我終於由留香家搬到師寓，正式為桃中軒門生。留香則又淪為花柳界藝妓。人說：「戀愛不會長久，但可以因性慾而長久」。這句話有其一半的眞理。雖然如此，我對她的情義，却仍在我心中刻下無限的印象。

嗚呼，世事人事，醒悟都是夢；不醒悟也是夢。人人追逐夢幻世界之夢，從而踏入新的夢。唱哉落花歌；奏哉落花曲。我很想折武藏野的花，這也是嗚呼這也是……（譯註九九）。

譯註一：「神風連」，以九州熊本之不平士族爲中心的尊王攘夷的一派，因重國學、奉神道，故亦稱爲敬神黨。明治維新後，反對政府的開明政策，於頒布廢刀令之一八六七年的十月，二百多人起來叛變，襲擊熊本鎮台和縣政府，但遂被鎮壓，史稱爲神風連之亂。

譯註二：大江義塾，是於一八八二年三月，由德富蘇峰創辦於其家的私塾。它位於今日的熊本市大江；熊本縣水保市立圖書館淇水文庫保存有「大江義塾資料」二十四卷。

譯註三：德富蘇峰（一八六三－一九五七），原名猪一郎。國家主義者。創刊「國民之友」、「國民新聞」，其主要著作爲「近世日本國民史」。

譯註四：小崎弘道師（一八五六－一九三八），熊本藩士，熊本洋學校出身，曾任東京基督教青年會會長，同志社（現今的同志社大學）總長，發行「六合雜誌」，終身主持靈南坂教會。

譯註五：海老名彈正師（一八五六－一九三七），筑後（福岡縣西南部）藩士，熊本洋學校畢業。曾任同志社總長，主持東京本鄉教會二十多年，創辦「新人」雜誌。宮崎滔天在熊本學的是他所創立的熊本英學校。

譯註六：藤島勇三郎（一八六六－一八九四），福岡黑田藩出身。

譯註七：乞丐叟，乃是歸化瑞典的猶太人阿拉伯罕，滔天的另外一本著作「狂人譚」的後半則專談他。據資料，當時他應該是六十八歲，後來到中央亞細亞去了。

譯註八：佐藤龍藏，與宮崎滔天同鄉，曾任長崎律師公會會長。一本齊太郎，滔天母方親戚，大滔天十多歲，是個大浪子。滔天在本書前言稱他爲「弄齊鬼」和「弄鬼子」。鈴木力（一八六七―一九二六），福島縣人，號天眼。曾任「二六新報」主筆、國會議員，創辦「東洋出乃出新聞」，一九一三年二月，孫逸仙、戴季陶、宮崎滔天、島田經一等訪問他於長崎時，他以其報紙的頭一頁全頁刊出歡迎的社論。則元由庸（一八六二―一九三一），熊本市人。律師。在衆議員選舉中敗於鈴木力等，但後來曾當選七次，又創辦「長崎日日新聞」。本城安太郎（一八六〇―一九一八），福岡藩士後裔。留學法國，中日戰爭時任陸軍翻譯官，黑龍會會員。白米伯，卽日下部正一（一八五二―一九一三），熊本縣人。馬骨男，查不出姓名。

譯註九：前田下學（一八五九―一九三三），前田案山子的長子，滔天太太槌子的哥哥。本書中，與滔天到泰國的南天子亦卽前田九二四郎就是槌子的弟弟。

譯註一〇：前田家是熊本縣玉名郡小天的世家。滔天的岳父前田案子山曾經當選爲日本首屆衆議院議員。

譯註一一：宮川辰藏（一八六八―一九四六），號如山，與滔天同鄉，滔天進大江義塾時的保證人。

譯註一二：呑宇，即清藤幸七郎（一八七二—一九三一），號呑宇，熊本縣人。滔天陪康有為來日以後，積極參加中國革命活動，對漢字頗有研究，編有「標準漢字自習辭典」。

譯註一三：宗方小太郎（一八六四—一九二三），熊本縣人，明治大正時代大陸浪人的領導者。一八八四年與佐佐友房到中國；幫忙荒尾精創立日清貿易研究所。曾在漢口經營和編輯漢文報紙「漢報」，並與井手三郎等在福州創辦「閩報」，病死於上海。在這期間，曾任上海東亞同文書院監督，長於詩文。

譯註一四：日清貿易研究所是以眼藥商人岸田吟香的樂善堂上海分店為基礎，由荒尾精發起成立，以培養研習中國語文，調查中國之種種人才的機構。得到首相松方正義、黑田淸隆、參謀次長川上操六、陸軍次官桂太郎的支持和陸軍退役上尉根津一的協助，於一八九〇年九月開辦，三年後八十九名首屆學生畢業，多為中日戰爭的翻譯官。一九〇一年，改名為東亞同文書院。

譯註一五：荒尾精（一八五八—一八九六），愛知縣人。陸軍士官學校畢業。日清貿易研究所的創辦者。因霍亂死於台北。

譯註一六：金玉均（一八五一—一八九四），朝鮮李朝末期的親日政治家，開化派（獨立黨）的領導者。號古筠。日名岩田周作。因對閔妃派的政變失敗，亡命日本。一八九四年三月二十八日，在上海被洪鐘宇所暗殺。

譯註一七：渡邊元（一八五五—一九一八），號南岬，長崎縣人。曾援助金玉均。並曾爲宮崎兄弟取白熊、白寅、白浪庵滔天的別號。

譯註一八：金玉均之被暗殺，以及東學黨之亂，使玄洋社的鈴木力、吉倉汪聖、內田良平、的野半介、武田範之等十五人成立天佑俠，企圖侵略朝鮮。清藤幸七郎的「天佑俠」（一九〇三年，新進社出版）一書，對於當時天佑俠的活動，有所記載。

譯註一九：岩本千綱（一八五六—一九二〇），土佐（今高知縣）人。陸軍士官學校出身。

譯註二〇：二哥的公寓：有樂町蔬菜店片山榮二郎家是，一八九七年，滔天與平山周爲調查華南秘密結社到中國大陸當時平山的住處。孫逸仙初次到東京首先訪問的就是這個地方。

譯註二一：蒼海老伯，即副島種臣（一八二八—一九〇五），佐賀縣人。通稱二郎，號蒼海，一個學人。明治初期的政治家、外交家、漢詩人。曾任外務卿、內務大臣和樞密院副議長。

譯註二二：農商務大臣斯里薩克侯爵（一八五一—一九三〇？），泰國軍人。原名爲 Jerm Sangchuto or Surasak Montri，乃父亦同名，Surasak 是泰王的賜名。

譯註二三：梅田雲濱觀音堂記文，似指梅田雲濱（一八一五—一八五九。若狹小濱藩士，通稱源次郎），於一八五四年秋季，要前往迎擊入港於大阪灣之俄國船艦時所賦之詩「妻臥病牀兒叫饑，此心偏欲掃戎夷，如今死別兼生別，只有皇天后土知」而言。

譯註二四：的野半介（一八五八－一九一七），福岡縣人。平岡浩太郎的妹婿。曾當選過衆議院議員三次，創辦「福陵日報」（日後的「九州日報」）。

譯註二五：山田長政（？－一六三〇），靜岡縣人。江戶初期，在暹羅以日人街為後盾而活躍的人物。通稱仁左衛門。

譯註二六：石橋禹三郎（一八六九－一八九八），佐賀平戶人。玄洋社員。

譯註二七：柳田亮民，生卒年不詳。僧侶。曾在曼谷開過富士屋飯店。

譯註二八：釋元恭，是否實在的人物，不無疑問。據說是名古屋人，土屋儀兵衛之子，幼名鐵三郎，出生於一八六七年七月。曾遊歷中國十八省，包括雲南、貴州、西藏，與哥老會頭目有來往。關於這個怪僧的傳記，有山本孝則、音川文之著，鴻盟社於一八九五年五月出版的「鐵禪的快男子釋元恭」，和上島長久著，於一八九六年十二月，由春陽堂發行的「釋元恭」。

譯註二九：武田範之（一八六三－一九一一），號洪疇，保寧山人，無何有鄉生。佐賀縣人。學宗教，黑龍會會員，本書卷首詩的作者就是他。

大崎正吉，生卒年不詳。仙台人。律師，曾在朝鮮釜山開業。

譯註三〇：末永節（一八六九－一九六五），福岡縣人。號狼嘯月，本書中又用狼嘯和南斗星。

作過船員、記者，因的野半介的介紹，初次與滔天見面於廣島。透過滔天，跟黃興、張繼認識，負責「民報」的印刷。

譯註三一：平山周（一八七〇－一九四〇），號南萬里、古研。福岡縣人。陪梁啟超亡命日本，著有「支那革命黨及秘密結社」。成立中國革命同盟會時，還跟滔天同行動，一九〇七年以後分手了。

譯註三二：大井馬城，即大井憲太郎（一八四三－一九二二），大分縣人。政治家。因用馬城台次郎的名字，寫反駁加藤弘之的文章，故名。

譯註三三：磯永海洲，在曼谷開照像館者，曾任曼谷日本人會會長。

譯註三四：益田君，即益田三郎（一八六三－一九三二），福岡縣人。陸軍士官學校畢業。曾任日清貿易研究所幹事，辛亥革命時，與末永節到山東。

譯註三五：野崎君，即野崎福太郎。滔天的另外一本著作「支那革命物語」，談野崎的部份很多。

譯註三六：立花小一郎（一八六一－一九二四），福岡縣人。曾任袁世凱顧問、朝鮮憲兵司令官陸軍上將，關東軍司令官。滔天的嫂嫂美以就是立花的妹妹。

譯註三七：可兒長鋏，即可兒長一（一八七一－一九二五），號長鋏。熊本縣人。他把滔天和平山周介紹給犬養毅。

譯註三八：木翁，即犬養毅（一八五五－一九三二），岡山縣人。號木堂。慶應大學畢業。曾任首相，對辛亥革命非常有貢獻。在首相任內被少壯軍官槍殺。

譯註三九：背水，卽中村彌六（一八五四－一九二九），長野縣人。號背水、背山，俗稱背水將軍。留學德國，當選衆議院議員八次，初屬大成會，後入進步黨，更改隸憲政本黨，曾任司法次官。因替菲律賓和孫逸仙購買武器時貪污，被開除黨籍，而斷送其政治前途。

譯註四〇：雲翁，卽頭山滿（一八五五－一九四四），福岡縣人。黑田藩士筒井龜策的三男，繼承乃母家，稱爲頭山，號立雲，本書用雲翁。日本右翼的頭目。

譯註四一：小林樟雄（一八五六－一九二〇），岡山縣人。號樟南。曾當選衆議員三次，但在政治上並不很得志。

譯註四二：曾根俊虎（一八四七－一九一〇），山形縣人。軍人。以外務卿副島種臣的隨員前往中國大陸考察。後來與士大夫王韜來往，著有「清國漫游記」，於一八八一年六月，由東京績文社出版。一九〇五年，在橫濱，經由菅原傳介紹認識孫逸仙、陳少白，並介紹滔天給孫逸仙和陳少白。

譯註四三：滔天介紹孫逸仙的「倫敦被難記」，比中文譯本的出現，早十四年。

譯註四四：張玉濤。曾在橫濱大同學校執教，參加宮崎民藏的土地復權同志會。

譯註四五：區鳳墀，廣東南海縣人。「道濟會堂」的牧師。據說於一八九四年，在拔萃書院曾爲孫逸仙的國文老師，逸仙的雅號，也由其所賜。

譯註四六：孫逸仙於一八九七年七月十一日離開英國，爾後經過加拿大，於八月二日到達橫濱。這是他的第二次來日。

譯註四七：中國青年黨：「倫敦被難記」原文有"Young China Party"，滔天似指的是它。但馮自由把它譯成「少年中國黨」（革命逸史第三集）；野澤豐認爲它是楊飛鴻、謝纘泰等在香港成立的輔文仁社。

譯註四八：內閣大臣沙路斯柏利：Robert Arthur Talbat Gascoyne-Cecit, 3rd Marquis of Salisbury（1830－1903）自一八九五年至一九〇二年，組織第三次保守黨沙路斯柏利內閣，並兼任外相。

譯註四九：陳少白到台灣的目的是，視察割讓給日本以後的台灣的情形。他雖然攜帶了朋友寫給台北教會的介紹信，惟因日人的監視極嚴，所以在台南呆一個月左右以後，在台北設立興中會分會，得到五、六個會員，前後呆了兩個半月才回到橫濱。（陳少白著「興中會革命史要」）

譯註五〇：小村次官，卽小村壽太郎（一八五五－一九一一），宮崎縣人。留學美國，曾任駐清國公使、駐英大使和外相。俄日戰爭媾和時的全權代表。

譯註五一：平翁，卽平岡浩太郎（一八五一－一九〇六），福岡縣人。號玄洋、靜修。玄洋社的首任會長。經營煤礦，當選過衆議員，曾負擔過孫逸仙在日的生活費。

譯註五二：孫逸仙以平山周的語文教師，於一八九七年十月十二日，特准可居住於外國久居留地外的東京。起初，孫氏住東京麴町區平河町五丁目，因太靠近清國公使館，故不久便搬到早稻田鶴卷町四十番地，位於犬養公館後面。陳少白由台灣囘日，與孫氏同住，後來可兒長一也來住在一起。

譯註五三：玄洋社的機關報「福陵新報」，因爲無法與標榜自由民主的「福岡日日新聞」競爭，遂重整旗鼓，以平岡浩太郞爲新老板，的野半介爲社長，「日本新聞」的總編輯古島一雄爲主筆，於一八九九年五月十日，改名爲「九州日報」。所謂創辦報紙，就是意味着它。

譯註五四：古島一雄（一八六五－一九五二），兵庫縣人。辛亥革命後，當選衆議員六次，退出政界後任貴族院議員。對戰後日本的政治，也頗有影響。

譯註五五：宇佐穩來彥（一八七二－一九四三），初期同情中國革命，後來幫助日本軍國主義者侵略中國的人物。福岡縣人。在大陸時，曾用左廣義這個中國名字。與滔天幫忙康有爲亡命日本。從此以後，跟康有爲走，與滔天分手。及至日本侵華時，則更扮演幕後人的角色。

譯註五六：彭西（Mariano Ponce，1863－1917），菲律賓的革命家。在馬尼拉大學和馬德里大學學醫學，反對西班牙殖民地政策。美西戰爭以後，奉阿基那爾多之命來日。

譯註五七：阿基那爾多（Emilio Aguinaldo，1869 － 1964），菲律賓革命政府的總統。

譯註五八：田野橘次（一八七七－一九〇四），兵庫縣人。畢業東京專門學校（今日的早稻田大學）後，因爲井上雅二和徐勤的關係（也有一說，說是得平岡浩太郎的推荐），任廣東萬木草堂的教師。也幫過康有爲亡命日本；戊戌政變後，保護萬木草堂的學生。

譯註五九：指戊戌政變的失敗。改革派是康有爲一派。毒殺皇上是誤傳，實際上是光緒帝被西太后和袁世凱所軟禁，守舊派的西太后等掌了權。

譯註六〇：天川屋是天野屋利兵衞（一六六二－一七二六）的意思，是江戶時代中期大阪的義商。

譯註六一：矢野君，卽矢野文雄（一八五〇－一九三一），號龍溪，大分縣人。日本第一本政治小說「經國美談」的作者。曾任報知新聞社社長。在公使任內，與李鴻章等過從甚密，有「風流驢馬公使」之稱。

譯註六二：回電：康有爲如〇〇〇〇〇〇〇〇，應該是指十月九日，大隈外相就保護康有爲事，打給香港上野領事的電報而言，其原文爲：Ueno, Hong Kong／Infom 康-that he will receive proper protection in Japan. Oct. 9, 1898.

譯註六三：黃〇〇，可能是指黃裕庚。

譯註六四：外務省〇〇君，應爲高橋君，卽高橋橘太郎。

譯註六五：戊戌政變失敗後，梁啟超求援於北京的日本公使館。當時的公使矢野文雄回國渡假，代理公使林權助，與當日來北京旅行的伊藤博文商量，決定幫助梁啟超亡命日本。警衞和梁啟超化裝打獵者，乘火車到天津，下白河抵塘沽，搭日本軍艦大島到日本。林權助「談我七十年」（第一書房，一九三五年出版）有詳細的記載。

譯註六六：柏原君，卽柏原文太郎（一八六九—一九三六），千葉縣人。曾任東亞同文會經理，照顧過康有爲和梁啟超。在中國並協助天津中日書院和漢口江漢學堂的創辦。

譯註六七：小山雄太郎（一八六七—一九〇九），熊本縣人。曾經從事移民夏威夷事業，創辦「九州新聞」（以後改名「熊本每日新聞」，更改稱爲「九州中央新聞」），大富翁，當選過衆議員，對中國革命很支持。

譯註六八：井上良雄（一八七〇—一九一七），鹿兒島縣人。海軍元帥井上良馨的長子。一九〇〇年九月十七日到中國大陸，與人共謀在天津行詐欺被捕，十月二十九日押回日本。

譯註六九：根據資料記載，一八九九年五月當時，滔天欠松榮料亭酒飯錢達八百多元。另外欠三橋旅館二百多元，對陽館四百多元，共計一千五百多元，這是相當可怕的數字。

譯註七〇：康有爲於一八八九年三月二十二日前往加拿大，住溫哥華。據說這是因爲近衞篤麿等人的勸告。日清貿易研究所出身的中西重太郎陪同康去。

譯註七一：近藤五郎，本姓原，名禎，長野縣人。陸軍士官學校畢業。曾經參加過菲律賓獨立軍，及辛亥革命。吳相湘氏把他寫成「近藤原禎」，看乃著「孫逸仙先生傳」上册，二七二頁。

譯註七二：內田硬石，卽內田良平（一八七四－一九三七），福岡縣人。平岡浩太郎的侄子。學俄文。初支持中國革命，後積極幫助侵略東北。一九三一年，創立大日本生產黨，與頭山滿同爲近代日本石翼的大頭目，晚年與大本教具有深厚的關係。

譯註七三：布引丸，三井物產公司的船，裝載量一千四百十四公噸，專往還於橫濱與營口之間。得悉三井因其老舊而要脫手的中村彌六，爲搬運菲律賓的武器，以三萬八千元把它買下來。加以修理後，於一八九九年七月十二日，離開神戶，十三日在門司，由大倉組的倉庫，裝載六百萬發子彈、一萬支步槍、一門大砲和十梃機關槍，和由平岡浩太郎所提供值三千元的煤炭，開往長崎。在此，由於中村的政友大東義徹與海關長目加田種太郎好朋友，因此以要密運給湖南張之洞的枕木這個名目，順利通過海關的檢查，於七月十九日動身長崎。船長石川傳、大副角田駒吉、監督林正文、長野義虎等一共三十六人，往菲律賓出發。惟翌日遇到颱風，並於二十一日上午十一時許，沉於寧波海面馬鞍群島附近。又，關於所載武器數量，各書刊記載不一。請參看李雲漢「中山先生與菲律賓獨立運動」（「中華學報」第一卷第二期），木村毅「布引丸」，恒文社，一九八一年版；Marius Jansen, The Japanese and Sun Yat-sen,

1945，Harvard.

譯註七四：委員長A．P，似指Apacible Galicano而言。

譯註七五：高野、林二君：乘布引丸押船的人物。在滔天的「支那革命物語」爲高野義虎、林正文；在平山周「支那革命黨及秘密結社」，和木村毅的「布引丸」則爲永野義虎、林正文；「東亞先覺志士記傳」上和「硬石五拾年譜」把它寫成長野義虎和林正文。

譯註七六：東亞同文會是，由井上雅二、平岡浩太郎、陸實、三宅雄次郎等於一八九七年創立的同亞會，和近衛篤麿、谷干城、岸田吟香等於同年設立的同文會合併，於一八九八年成立的，以調查中國的種種，和培養爲其工作的人材爲目的。據說，早其二十多年誕生的亞細亞協會，和一八九一年降世的東邦協會（福本誠等），也於一九〇〇年併於此會。會員多是荒尾精的日清貿易研究所的畢業生，並於一九〇一年五月，在南京創立同文書院，根津一出任院長。同年夏天，同文書院搬到上海，並更名爲東亞同文書院。一九〇二年，神田也設立東京同文書院。一九〇三年，東亞同文書院首屆學生畢業，許多人擔任俄日戰爭的陸軍翻譯官。首任會長是近衛篤麿，一九〇四年近衛去世後，由青木周藏繼位。從一九一一年，開始發行機關雜誌「支那」半月刊。一九四六年解散。

譯註七七：中野德次郎（一八五七—一九一八），福岡縣人。擁有許多煤礦，並創立森林、電力、鐵路、銀行等事業，當選過衆議員，對中國革命有很大貢獻。

譯註七八：福本日南（一八五七—一九二一），原名誠，號日南，福岡縣人。曾任「九州日報」社長，當選過衆議員。

譯註七九：島田經一（一八六六—一九二七），福岡縣人。跟末永節是老朋友，是平岡浩太郎的徒弟。對中國革命很有貢獻。

譯註八〇：這是一九〇〇年六月間的事情，興中會會長楊飛鴻同行，但搭的不是日本丸，而是法國郵船殷達斯輪。

譯註八一：康有爲於一八九九年三月，由日本到加拿大，同年十月，再經由橫濱前往新加坡。

譯註八二：指小山六之助。

譯註八三：尾崎君，卽尾崎行昌（一八七四～一九三四），尾崎行雄的胞弟。號鬼哭。與滔天、內田良平是好朋友，對中國革命貢獻很大。

譯註八四：中西重太郎（一八七五～一九一四），長崎縣人，早稻田大學畢業，曾任陸軍翻譯官。隨康有爲到歐美，任翻譯和保鑣。

譯註八五：野田君，係指野田兵太郎而言（平山周「支那革命黨及秘密結社」）。

譯註八六：伊東君，卽爲伊東知也（一八七三～一九二一），字正基，號鳳南。山形縣人。當選過衆議員，對中國革命很有貢獻。

譯註八七：末永鐵巖，即末永純一郎（一八六七～一九一三），號鐵巖，末永節的大哥。曾任「日本」新聞總編輯，俄日戰爭後到東北，創辦「遼東新報」（後來改名「滿州日報」），據說與孫逸仙、黃興、康有爲、梁啟超等皆有來往。

譯註八八：一九〇〇年八月二十七日黃昏，搭乘神戶丸由長崎出發。此時孫逸仙化名爲中山樵，同行者有容閎（化名平田晉）、內田、平山、中野熊五郎、安永東之助等七個人。

譯註八九：小倉商店，意味着大倉喜八郎（一八四〇—一九二八）的公司。大倉財閥的創立者。新潟縣人。一八六五年，在東京神田開槍械店大倉屋。與橫濱的洋行交易。明治維新時發大財。以後專作陸軍的生意，以個人身份最早貸款給中國，創立中日合作的本溪湖煤鐵公司，是日本陸軍的御軍火商。

譯註九〇：神鞭知常（一八四八～一九〇五），京都人。書中稱麻翁。號謝海、千里。晚年低東京麻布，稱爲麻溪先生。曾任大藏省主稅局副局長，當選過衆議員多次，在松方內閣擔任法制局長官兼恩給（撫恤金）局長官。

譯註九一：大東義徹（一八四二～一九〇五），滋賀縣人。一八七一年。曾以隨員身份跟岩倉具視考察歐美。當選衆議員七次，成爲「國會的名人」。曾任大隈內閣的司法大臣。據傳，他原名小西牛次郎，後來把姓改成大東，名字換成義徹。

譯註九二：宋越倫氏把「本君」譯成「本人」，但從文脈及其內容來看，這應該是指彭西而言。

彭西的彭的片假名發音，與日本的本的發音相同，故「本君」應爲彭西。宋氏譯「三十三年落花夢」，中華書局，民國六十六年。

譯註九三：奠南，即山田喜之助（一八五九～一九一三），奠南是號。大阪人。東京大學畢業。律師。曾任最高法院推事、司法次官、東京律師公會理事長。當選過衆議員。

譯註九四：三好退藏（一八四五～一九〇八），原名重毅，通稱退藏，號松濤。宮崎縣人。一八八三年，曾隨伊藤博文考察歐洲。曾任最高法院檢察長、院長、東京律師公會理事長。

譯註九五：櫻井，衞藤瀋吉氏認爲，指的是櫻井一久，但島田虔次却說是櫻井熊太郎。

譯註九六：孫逸仙於一九〇〇年九月初回到日本，二十六日接到山田良政聯絡，化名吳仲，由清藤幸七郎陪同前往台灣。

譯註九七：關於史堅如，滔天另有專文，請參閱陳鵬仁譯著「論中國革命與先烈」，此書於一九七九年，由黎明文化事業公司出版。

譯註九八：山田良政（一八六八～一九〇〇），青森弘前人。一八九九年，於神田的旅館與孫逸仙初逢，成爲盟友。山田純三郎的哥哥。爲辛亥革命犧牲的第一位外國志士。請參看前述「論中國革命與先烈」一書。

譯註九九：譯者用於翻譯的是，宮崎龍介和衞藤瀋吉校註，一九七五年，由平凡社出版的版本。譯註係根據此書的註，「宮崎滔天全集」第五卷，島田虔次之「『三十三年之夢』注解」，和角川書店的「日本史辭典」而成。

附錄 一、宮崎滔天著「三十三之夢」解說

一

此次明治文化研究會將重新發行宮崎滔天著「三十三年之夢」。此書的初版問世於一九〇二年。當時非常暢銷，曾出十版，爾後絕版且逐漸爲世人所忘記，因此我們同仁決定重新予以刊行。由於我是主要的校訂者，所以我想簡單地說明我們爲什麼要重新印行此書的理由。（譯註一）

二

本書是著者的自傳。正因爲作者是歷盡滄桑的人，所以其三十年的生涯本身就非常有趣。加以他的文筆又好，因此，我敢保證就是當做普通讀物也必令人難於釋卷，這是爲什麼本書初版當時洛陽紙貴的重要原因。經過二十幾年的今日，我們所以要重新出版它，並不祇是因爲該書富於情趣，而是因爲深信它是研究明治文化時值得參考的重要文獻。

三

作者宮崎出生於明治初年。（明治三年，西曆一八七〇年——譯者）因此他是在耳染自由民權，並醉心於西洋文化的氣氛中度過青年時代的人。當時，有志的青年的出路有二：一是在官界求發展；二是在民間展其志。而後者又有兩個方向，一是憤慨於藩閥的專制，因而埋頭於政府革新的運動；二是絕望於國內當世，而求友於鄰邦，首先一新整個東洋的空氣，由之冀求慢慢改進其祖國。後者雖是少數，但他們却或往來於朝鮮，或投身於中國，而直接間接地幫助了日後日本的大陸政策。而宮崎滔天就是爲中國與日本之橋樑的典型的志士之一。因此，他的自傳實與日本近代史具有不可分割的關係。

若是，生在明治初期的人，究竟受過些什麼敎養呢？這在他的自傳裏寫得很清楚。當時有爲的青年對時勢做如何的看法呢？他們見識的淵源是什麼？滔天的自傳皆有清楚的交代。有人不在國內展其志而求友於鄰邦，並從東洋的大局來著眼這個事實應該怎樣說明呢？本書有明確的解釋。當時青年思想的原動力是什麼？當年的時勢跟它有什麼關係呢？這些在歷史研究上非常重要的問題，它都有詳細的敍說。而且，他以活生生的行動來表白，和以簡潔而巧妙的文字把它寫出來，因此更生動。它的生動，自然而然地會令人忘記研究的嚴肅。我認爲，本書最大的歷史價值，乃在於它是沒有虛飾的實實在在的紀錄。

四

在這種歷史價值之中，我特別要強調的是，關於中國與日本之往來的部分。在近代，中國與日本的內面關係，實始於　孫中山先生的亡命日本。爲什麼我做這樣的判斷，說來話長，姑暫予省略。總而言之，　孫中山先生受了犬養毅氏等的庇護，爾後更得到了許多日本的知友這個事實，對於日後的中國革命確有莫大的影響，更是改變東洋局面的開端。而在日本人當中，最早跟孫中山先生認識和最值得孫中山先生信賴的就是宮崎滔天。因此，單就這一點來講，宮崎的自傳本身就是中日交涉史中很有意義的一章。不特此，「三十三年之夢」有許多頁數用於敍述著者與孫中山先生的關係，所以，本書更是欲研究辛亥革命初期者的重要史料。

五

作爲文藝作品，我不知道「三十三年之夢」究竟有多大價值。不過，我却曾經聽人家說過內田魯庵翁（譯註二）非常讚揚本書，而我祇能從學術的觀點來評論這本著作。如前面說過，單單是宮崎行動的實在紀錄，本書就有很大的價值，除此而外，我最佩服的就是他的態度之純眞。他曾失敗過幾次，更犯過多次的道德上罪惡。但是，我們却不得不寄予無限的同情，甚至蒙受很大的感激，和領得許多的敎訓。尤其是，他對於中國革命的純實的同情，其心境之光明正大，其熱烈的犧牲精神，眞令人肅然起敬。我要毫無保留地，坦坦白白地說出，從這本書，我不但得知了辛亥革命初期的史實，我更領會了辛亥革命的精神。如果有人要我擧出十本我所喜歡看的書的話，我必定把這本書列爲其中的一本。

六

由於如上所述本書的性質，本書自然而然地有許多的中國讀者。而我之所以知道本書的存在，就是中國朋友告訴我的。慚愧得很，本書初發行時爲東京大學法學院學生的我，對這方面完全不關心。大學畢業後，我雖然也到過中國大陸，惟或許由於停留在有不少日本人的天津，所以對於中國革命絲毫沒感覺興趣。因此，截至一九一六年底發生第三次革命，我絕少研究中國的事情，更不知道本書的存在。是則我之研究中國，實始於第三次革命的前後。其經過，我不想細說；不過其直接動機是，第三次革命發生幾個星期以後，當時同情革命黨的頭山滿翁和寺尾亨先生（譯註三）的一群，對於日本各界對這次革命的眞義缺少瞭解而非常憤慨，因此想編寫一本簡單的中國革命史給一般日本人看，而他們則將此事托我。是時我對中國已有些興趣，所以，遂答應做這項差事。爲了供給最新的材料，寺尾先生曾經介紹了戴季陶君和殷汝耕君等給我，這時告訴我瞭解辛亥革命初期的歷史最好的參考書就是「三十三年之夢」的便是這兩個人。他們說，「三十三年之夢」出版後不久，便由章士釗君譯成中文，並在中國非常流傳。

這是我日後所聽到的話，即黃興在一九〇四年革命（指與馬福益謀舉義於湖南的事——譯者）失敗，由上海亡命日本，當時還是個無名青年的他，來到東京之後，窘於衣食和住的問題，此時黃興忽然想起「三十三年之夢」，並相信其著者滔天必定樂意幫助他，因而自告奮勇地去求宮崎的幫助。這話起初我是從已故滔天君那裏聽來的，後來我又直接問了黃興氏。

由此，我們當可知道本書之如何廣泛地在中國人之間流傳和影響他們。

七

在今日中國，現在還有很多人在看「三十三年之夢」這本書。這次因爲要重新出版它，所以我特地去找中文版，可惜沒找到。我以爲在中國大陸或許可以找到，因此特請在上海的朋友內山書店老板完造君幫我找，結果他也沒找到舊譯本，因而寄來了新的譯本。這不是章士釗君所譯的。（譯註四）要之，在中國，今日還有許多人在讀這本書是個事實。內山君在信裏就說，在他店裏工作的中國人也正在看這本著作。惟他們祇以它有趣而看，至於作者宮崎的名字似乎逐漸被人忘記。話雖如此，「三十三年之夢」這個書名，祇要　孫中山的名字是不朽，我深信在中國，它必有其不朽的生命。

「三十三年之夢」在日本雖然曾經發行過十版，但在市面却非常少。就是明治中期的書刊如潮水般地在上市的今日，本書也絕少露面。一九一七年，我知本書之名，並托有斐閣（東京一家書店的名稱——譯者）的山野君代找時，他花費了很長的時間才給我找到一本。嗣後經過一年多，在神田的舊書店我又找到了一册。現在，不管有多少本，我決心隨時隨地買它，但至今，我祇買過兩本，而在我的朋友中，祇有兩個人曾經在舊書店買過這本書。由此可見本書之如何地少在市面流傳。而這是爲什麼我諮諸故滔天的嗣子龍介君，並得明治文化研究會同仁諸君的諒解，決心重新出版這本書的主要原因。

八

爲了使準備閱讀「三十三年之夢」的人們方便，我想簡單地來說明本書的梗概。

本書一共有二十八章，我們似可把它的內容分爲以下四個項目。

(一)修養的時代：從「半生夢醒念落花」的序曲到「思想的變遷與初戀」七章。

(二)活動於泰國的時代：從「決定大方針」到「嗚呼二兄已死」七章。

(三)活動於華南和南洋的時代：從「展開新生面」到「形勢急轉」七章。

(四)活躍於惠州起義的時代：從「大舉南征」至「唱落花歌」七章。

九

一、修養的時代

這是我暫取的名稱。以下亦同。從這修養時代的七章，我們可以窺悉作者思想和行動的由來。他早時去世的父親，似乎是位非常磊落而厚於情誼的人。他的母親，雖是女性，好像曾經致力於兒女的教育。長兄八郎早年倡自由民權，並死於西南戰爭西鄉隆盛陣營中，因此，作者之所以早對明治政府有所不齒是有其原因的。他的學歷是，中學畢業後轉入熊本的大江義塾（書塾——譯者），受德富蘇峯先生（譯註五）的教誨，不久便到東京進某私塾就讀。在此期間，他入信基督教，由小崎弘道先生洗禮。這可能因爲他在內心時常有所求所致。這是他在十五歲左右的事情。不過他的基督教信仰，却並沒有長久，理由是，因有所求而入信的他，在基督教教會並未能得到他所尋求的東西。尤其在他信仰開始發生動搖的青年時代，他之遇見名叫伊撒克．阿伯拉罕的西洋虛無主義者的故事，在別種意義上，特別有趣。關於這個洋怪人，他另有「狂人譚」的著作，而這也是一本非常有趣味的書。所以，將來有機會，我也很想把它重新刋印。

但，無論如何，對他日後的思想和行動予最大影響的還是書上所稱呼的一兄和二兄。詳而言之，他的社會觀似得自其一兄民藏。如果套用今日的用語，民藏或可以說是無政府主義者。作者之所以棄基督教固是一兄的感化，其棄基督教而未捨博愛的大義也是一兄的感化。至於一兄的思想爲何，本書（指此次重新發行的版本。以下同——譯者）第二七頁有簡要的敍述。又，民藏有「土地均享人類之大權」（一九〇六年出版）的著作，這是要附帶說明的一點。

其次，他把中國選做他活動的舞臺，毫無疑問地是受了二兄彌藏的鼓勵。而二兄關於中國的思想，在本書二二三頁和三九頁有精確的說明。是則彌藏想先與中國來抗拒白人的壓迫，爾後養力於日本，從而伸大義於世界。作者本來是想到夏威夷去賺取前往美國留學所需費用的，惟爲二兄所勸阻，因而遂把終生的事業放諸中國大陸。

不消說，在能夠瞭解作者的面目這一點，這些故事是非常有意義的。不特此，我們更可以從這些故事了解當年的時勢。什麼時勢呢？當時，在政府機關不得志，或不想在政府機關做事的青年，通常都參加了自由民權運動，很少爲改善自己親人的生活而站起來的，而爲其典型的代表者就是作者的所謂一兄。因此，如果我們研究一兄的思想，我們可以知道這一種或這一派青年的所由形成和他們的志向。與此同時，那個時候的社會，一方面是由於幕府以來排外思想的餘習，另方面是因爲受到軍國帝國主義在西洋抬頭的影響，所謂弱肉強食的國際觀非常盛行。所以，以對付白人爲目的而做聯合黃色人種的種種活動，便很容易獲得青年們熱烈的擁護。所謂二兄的中國論，實胚胎於此，這是很值得我們大書特書的，而作者滔天的思想和行動，也就是合此兩種時代思潮於一身，並想實行它的一種嘗試。宮崎滔天之所以爲我們研究中國革命初期歷史的重要史料，其理由在此。

十

二、活動於泰國的時代

作者與二兄立志於中國，這在他的自序裏寫得很清楚。而根據本書的說法，爲了要說服一兄參加這項事業，他和二兄曾經聯袂回家去。可惜沒有成功，一兄且說，他將在日本實現其理想。惟作者却獲得了一兄物質上的援助，因此爲到中國而先來長崎，但在長崎，他的旅費却給朋友借走。經過許多曲折，他終於到了上海，可是應寄來的錢又沒到，束手無策，遂又回到日本來。（這是他在二十一歲時的事情）

以後他暫居於故里，但不能忍受無所事事之生活。雌伏三年之後，想依靠金玉均（韓國人－譯者）來開展活動的新局面來到東京。本書有關他與金玉均在芝浦海上月夜會談的描述，非常精彩。惟天不從人願，不久金玉均便在上海被暗殺，因此作者的計劃也就隨之成爲泡影。在這時期，韓國的東學黨之亂起，風雲告急。宮崎決心到中國而又上東京。這路上，他在神戶遇到了岩本千綱這個人。而這就是作者到泰國的轉機。

岩本是個與泰國移民公司有關係的人。岩本因爲生病，所以要宮崎代他到泰國去。當然，作者的志趣不在此。不過，泰國有許多中國人，爲着將來，他以爲此行或許不虛，遂答應去。此時二兄已進中國商店工作，穿中國衣服，絕對避免跟日本人來往，宛如做了中國人而專心一意研究中國，兄弟心志同在中國，但一個人在橫濱，一個人在泰國，分手去努力。

在泰國，與日本人携手盡力於日人之移民泰國的是當時的農商部長斯理薩克侯爵。泰國部長認爲，爲對抗白人的侵略，同病相憐，大家應該團結起來，而這也是當時東方人共同的思想。我們更可以從著者之毫不遲疑地贊同泰國部長這個事實體會當年的氣氛和時潮。但到了泰國之後，其事業却一無所成。因此，遂囘到日本來重新策劃。不久再度前往，但這次更慘。不祇事業失敗，他的朋友死於疾病，而且他也被傳染，幾乎是從死裏逃生而狼狽地又囘到日本國土。

在他第一次從泰國囘到日本的時候，曾經發生過幾件事情。其中特別值得我們一提的是，從躲在橫濱的二兄得悉二兄遇到中國革命黨人。可是，第二次從泰國囘到日本時，二兄已經病逝了。所以無從問起這個中國革命黨人到底是誰，不過後來才知道這個人是陳少白。日後作者與陳少白認識，更由此而跟　孫中山先生相許，這些，實在不能不說是一種不可思議的因緣。

十一

三、活動於華南和南洋的時代

屢次失敗而囘國並到東京的宮崎，其目標在於企圖重振他在泰國的事業。不過在東京時，由於可兒長一的勸勵，往訪犬養毅，這是他中止到泰國而活動於中國的開端。

跟犬養認識的結果，他遂受日本外務省之命到大陸去實地探察中國的秘密結社。此時的日本政府是憲政黨內閣，其外務大臣爲首相大隈重信所兼。這是我們應該注意的一點。要之，他決定跟可兒長一和平山周到華南。而在出發之前，因病而慢可兒和平山動身。病癒將出發時，他往訪小林樟雄。在小林處偶然碰上長兄之親友曾根俊虎。由曾根之介紹，作者到橫濱並認識了陳少白，同時知道陳少白就是二兄所交的那位中國朋友。透過陳少白，他知道有　孫中山這個人。如此這般，他大大地增加了見識之後喜氣洋洋地到了香港。在彼地，他結交了不少革命黨人。

本書作者之與　孫中山先生邂逅，乃是自香港回國以後的事。與　孫先生見面後，他們的意見非常投機，因而宮崎遂答應願以全力幫助　孫先生的革命事業。不久，日本政局有所變化（一八九八年十一月），由山縣有朋出而組閣，青木周藏擔任外相。作者與外務省的關係因而中斷，但犬養仍繼續設法資助　孫先生和宮崎等。所以宮崎才能夠再三往還於東京和香港之間。在香港，他曾經跟菲律賓的志士有所接觸。這也是值得我們特別注意的一件事情。而這些事，皆發生於一八九八年的夏季和秋季。

戊戌政變之際（一八九八年九月），康有爲受英國保護而先逃到香港，梁啓超避難於日本公使館，爾後亡命日本，康則慢梁一天到日。陪梁啓超的爲平山周，隨康有爲的是作者，這也可以說是一種不可思議的因緣。又，本書有關著者與康有爲之關係的敍述也非常有趣。

一八九九年二月，菲律賓發生獨立戰爭。　孫先生一派亦不得不有所行動。他們想借幫助阿基那爾多（Emilio Aguinaldo）的餘勢以進軍中國大陸。旋卽菲律賓的密使來日托　孫先生購買軍械。　孫先生則跟著者等商量。最後因犬養的介紹，將此事委託政友會的中村彌六辦理。在政府密探嚴密監視下，好不容易購得所需的物品，並將其物品和人員載運於布引丸往華南送出，不幸該輪却沉於上海海面。作者之獲悉此項消息，係接獲華南發生動搖電報，而受命　孫先生擬前往廣東偵察實情的航海船中。

作者在華南時，成立了所謂哥老會、三合會和興中會的三派聯合。而這是惠州起義的原動力之一。此外，以下兩件事也與惠州起義大有關連。一是第二次來日採購軍械的菲律賓志士，鑒於獨立運動已經失敗，以及日本政府監視之嚴，遂放棄計劃並將手下的軍械全部交給　孫先生；二是作者回日本後，因為朋友的介紹認識大實業家中野德次郎，而中野則予　孫先生一派以大量的財政援助。

十二

四、活躍於惠州起義的時代

惠州之起義並非乘拳匪之亂而策動的，這是他們決定大擧南征，而在路上聽到的。如前面一節所說，　孫先生一派計劃在南方起事，並於一九〇〇年六月往南方出發。其目的地有幾個，而作者等一行所指向的是新加坡。他們準備在新加坡向華僑募款，爾後　孫先生亦將到此地來。作者則擬在此說服康有為跟　孫先生合作。

在這以前，在當地已從日本來了密電，謂有孫派的人將到新加坡來暗殺康有為的傳說，無需說，這是橫濱康有為派打來的，因此，上岸的作者一行不但未能與康有為見面，而且更被當地警察所捕，並被送進坐牢。關於這些事，本書皆有詳細而感動的記載。

被釋放後，遂準備回國。所幸，跟遲來的　孫先生等同船。在香港想上岸，但香港政府知道他們是革命黨人，因此未獲准。不過據說，這時香港總督更秘密地向　孫先生交涉，說他將勸李鴻章在兩廣宣佈獨立，並擬請　孫先生出任民政首長，這是値得注意的一件事。總之，他們決定回日本，而惠州起事的一般方略，就是此時在香港海面船中擬定的。

(一)佔據惠州附近三州田山寨，伺機起義。擧兵之事，以鄭弼臣爲總指揮，以近藤五郎和楊飛鴻爲參謀。

(二)起事如果成功，將以福本日南爲民政首長，在其底下將設部局以掌民政。當然，　孫先生將任大總統。

(三)　孫先生回日本擔任採購和輸送軍械以及其他一切之必需用品。

於是，　孫先生便回到日本。是時，有人說要給　孫先生介紹臺灣總督。爲了想從這方面得到更多的援助，　孫先生遂到臺灣去。但這種期待，終於未能實現。當時的臺灣總督是兒玉源太郎，民政長官爲後藤新平。

不久則接到三州田起義的消息。這是等不及東京的電命而不得已動兵的。很幸運地，如本書所寫，它連戰連捷。但是，在日本所策劃的却統統成爲畫餅。因爲：第一，募款不如意；第二，臺灣方面的採購落了空；第三，唯一所依靠菲律賓志士所贈送的子彈（據說二十五萬發値六萬五千元），因被欺詐，皆爲不能用的東西。於此百計已盡，　孫先生遂不得不飲聲呑淚電命華南戰場的同志隨意解散。關於此次起義之著者的「與孫逸仙書」，可以說是本書最精彩的部分。

十三

如上所述，作者的所作所為，事事皆與心違，因此，終以酒解愁，過流浪生活於江湖，一、二年後，更決心做桃中軒雲右衛門的門徒。該時的悶悶之情固可由其自序看出，而他之絕非只漫然在高座敲扇子以餬其口，亦可由其自作自唱的「落花之歌」瞭然。關於這曲歌，本書雖有述及，但沒有歌詞，因已從作者的舊稿找到，故將全文刊出。

一將功成萬骨枯　國雖號稱眞富強　下萬民膏汗血淚　往爭吃白薯之餓鬼道去　則為地獄坡
世人大喊文明和開化　火車輪船電車與馬車　旋轉之輪雖無異　坐不得者為地獄火之車　惟
因因緣推此車　推至弱肉強食之劍山修羅場　浴血奮戰者　乃為未能共享文明開化恩澤之徒
以為死後有餘榮　遂與士卒一起拼　生還則被饑寒之妻兒與地官所迫　擬為無處申訴之小民
　建設能予乞丐以布衣　車夫馬夫有車坐　窮苦農民亦富有　四海兄弟皆自由　萬國和平自
由鄉如今一切計劃破　此夢遺留浪花節　棄刀廢劍執手扇　一聲卽響黃昏時　與鐘同謝是櫻
花（譯註六）

十四

本書以作者入門桃中軒做結局。爾後做爲寄席藝人（譯註七）數年的行動，著者亦有自作的種種紀錄。這些，今日讀來也很有趣味。而黃興之求援於著者，乃是著者在東京四谷某席亭敲扇子，一夜祇賺四毛多錢之最窮困的時候，這是作者親自告訴我的。在這樣的困境中，宮崎對中國的厚望和熱愛，仍然如故。正因爲如此，所以他才盡力於實現　孫先生和黃興的合作，更致力於一九〇五年中國革命同盟會的創立。一言以蔽之，宮崎畢竟是道道地地的中國革命黨的恩人。他之終生爲中國青年所欽慕，是理所當然的。因此，他跟中國的革命運動，實有絕不可分割的關係。關於這些，哲嗣宮崎龍介君所寫的傳記或將有更詳盡的記載。又，由於這些事略與硏究近代日本和中國之內面的關係上大有關連，所以我想把著者的遺稿全部予以整理和出版。這些遺稿，就是當做一般讀物來看也很有意思，我深信這是本書讀者所能同意的。

現在我要說的是，作者滔天不僅是中國革命運動的援助者，而且是眞正的援助者。所謂眞正的援助者，乃是指他自始至終，毫無私心，而做忠實不移的中國朋友的意思。因爲，在自稱革命運動的朋友中，曾經有過各種各樣的人。是則他們之所以願意援助中國革命運動，其動機並不都是一樣的。這在開始時，還不顯著，但到第一次革命以後，這個問題就漸漸明顯了。

其理由是這樣的：中國青年在亡命日本的期間，不管何許日本人，舉凡願意援助的，他們都一概予以接受，可是一旦革命成功從而擔當要職時，他們就成爲中國的公僕。在私情，對一切援助過他們的日本人，他們都覺得有恩有義，可是做爲公僕，他們祇能聽對中國革命有眞正理解的日本朋友的忠言。於是，懷有不純動機的日本人，自然而然地會被他們所疏遠。而對此不知反省的日本人，便會亂駡中國人的忘恩負義。在這裏我不想多說，總而言之，這些中國革命之友，到發生第三次革命前後，就截然分成以上的兩大範疇了。可是，宮崎滔天卽始終是中國革命熱烈的和眞正的贊助者。我之所以能夠開誠佈公與滔天相見和談論，實在是基於這種原因。

十五

最後，我想給擬做進一步研究的人提醒幾件事情。

㈠「三十三年之夢」初版不久卽有章士釗君的中文譯本，最近又出來另外一種中文版本。章士釗君是今日中國相當馳名的政治家。我曾努力想找他的譯本，但至今尙未找到。最近的譯本叫做「三十三年落花夢」。是去（一九二四）年四月在上海出版的，但却沒有譯者的名字。四六版不到一百四十頁，所以可能省略很多。（譯註八）

㈡本書第三四頁上欄所說的「狂人譚」，乃是四六版一百五十多頁的小册，而由「緒言」、「拿破鐵」和「釋迦安與道理滿」等三篇所構成。是本非常有趣和令人不得不思索的書。我很想另找機會介紹它。據說，著者因爲衹靠「浪花節」不能維持生活，所以順秋山定輔之勸在「二六新報」（譯註九）連載。而最初寫的就是「狂人譚」。由於「狂人譚」大獲好評，遂被邀再寫「三十三年之夢」。但，出單行本的是以「三十三年之夢」爲先；「狂人譚」爲後。後者大約慢一個月出版。

㈢本書第一七八頁所說Sun Yat-sen, Kidnapped in London這本書在日本雖不馳名，但在西洋却很出名。理由是，因這本書，　孫先生在西歐成了大名。這是因爲書中所陳的革命精神大大地感動了西洋的讀者。此外，因爲此事件爲國際公法開了一個先例也是使此書成名的原因。　孫先生在倫敦被中國人拐誘並被幽禁於清國公使館，照邏輯，他將被遣送回國殺頭的，惟由於乃師康德黎的營救始倖免。當時，英國外相索爾茲巴利侯爵以爲，在公使館外的拐誘本身就是清國政府警察行爲的開始，因此遂以侵害英國的主權爲理由而強硬要求引渡　孫先生。這可以說是所謂繼續航海主義在陸上的適用。前幾年，我曾請在英國的福島繁太郎君替我買了一本該書，是本四六版一百三十多頁的小册子，裏頭附有英國外相的公文。又，民國元年上海曾出中文版本，曰「倫敦被難記」。

㈣康德黎（James Cantlie）是　孫先生在香港西醫書院求學時代的老師。除日本人外，跟　孫先生最要好的外國人，恐怕就是他。回到倫敦以後，康德黎便組織Friend of Chin Society　請許多朋友給予　孫先生各方面的援助。他跟Sheridan Jones所撰的Sun Yat-sen and the Awakening of China　是欲知　孫先生所非讀不可的一本書。它沒有出版的年代，不過我想大概在第一次革命後　孫先生被選爲總統時寫的。

㈤本書第一六九頁的所謂天佑俠，與本題沒有直接關係，所以我不想多費筆墨，而祇指出它的黨羽之一的鈴木天眼寫有題名「天佑俠」的一本書。它是由淸藤幸七郎所編，而淸藤就是本書的呑宇。但實際上的撰述者，據說是天眼，這本書也是非常精彩。惟天佑俠的活動，在擬伸其志於鄰邦這一點是相同的，但其根本的動機則與著者等完全相反。如前面所說，著者是誠心誠意想爲中國設想的，但天佑俠却名符其實地爲日本而想吃韓國。尤其是想光大日本人的英勇而亂發的暴行，說痛快確是痛快，但跟著者的立場完全有異。而這些天佑俠的人，有許多是起初跟著者爲中國盡力的（由此可見援助中國者其開頭實在有各色各樣的人），但到後來，他們也就慢慢地離開了。在這種情況之下，著者能始終一貫以純正的動機爲中國之摯友，的確令人欽佩不已。

㈥關於中國革命的歷史，請參閱我與文學博士加藤繁君合著的「中國革命史」一書。或不無自我吹噓之嫌，但我們仍相信它有一看的價値。不過，此書却祇寫到第一次革命而已。至於有關第一次革命以後的事，我也有幾部著作，更有不少他人的書，恕不一一述及。

（譯註一）本文作者吉野作造（一八七八——一九三三）是日本宮城縣人。留學歐美，曾任東京大學政治學敎授、政論家，對日本民主思想的鼓吹貢獻很大。一九六六年，日本中央公論社爲紀念他對民主思想的非凡貢獻，設立吉野作造獎，以獎勵每年對日本論壇有過最大貢獻的人。

本文譯自「三十三年之夢」複印本的附錄。該書附錄除本文外，還有滔天家族像片，其哲嗣宮崎龍介所寫著者小傳和索引。而譯者用以翻譯的版本，係發行於大正十五年七月十日。又，大正元年適值民國元年。

（譯註二）內田魯庵（一八六八—一九二九），東京人。小說家，文藝評論家。是托爾斯泰「復活」早期的日文版譯者。

（譯註三）頭山滿（一八五五—一九四四），九州福岡縣人。日本右翼的巨頭。對中國革命亦很有貢獻。寺尾亨（一八五八—一九二五），跟頭山同鄉，文學博士、法學博士，曾任東京大學國際法敎授，和中華民國政府的法律顧問。

（譯註四）至今，譯者所親自看到的中文譯本有三種。一種是民國十四年五月，由上海出版合作社所出版的，書的譯名叫做「三十三年落花夢」，但沒有譯者的名字，祇有校刋者，且署名「P.Y.」。惟這個版本是另外一個譯本的重印，該譯本，據其「重印贅言」說，是大約在其重印此書二十年前出版的，故其出版可能在一九〇五年左右。第二種版本就是臺北帕米爾書店翻印的，其書名也叫做「三十三年落花夢」。第三種版本是黃中黃（亦卽章士釗）著「大革命家孫中山」。這是臺北文星書店所翻印的，於一九六二年出版。章士釗原譯名爲「孫中山」，文星書店把它改成「大革命家孫中山」。

（譯註五）德富蘇峯（一八六三—一九五七），眞名叫猪一郎，九州熊本縣人。政論家、歷史學家。他的著作可能日本有史以來最多（有人說很可能世界最多），而其代表作「近世日本國民史」有一百卷。以「不如歸」馳名的作家德富蘆花（眞名健次郎）是他的胞弟。
（譯註六）這首歌詞，非常難譯，此譯文不是定稿。
（譯註七）寄席，日語念成yose，是一個講神道、心學、故事等的地方，始於一八〇〇年左右。今日東京、大阪還有，而大阪法善寺是個最著名的地方。
（譯註八）作者所說的版本，可能是譯者所看到的同一個版本，它一共祇有一百三十九頁。這是節譯本，請參考（譯註四）。
（譯註九）「二六新報」創刊於一八九三年，重要的撰稿者有鈴木天眼、福田和五郎、江木衷、大石正巳、稻垣滿次郎、柴四郎、大島貞益等人。

（原載一九七一年八月號台北「幼獅月刊」）

附錄二、宮崎滔天與「三十三年之夢」

宮崎龍介

一

一九二二年六月，家父病歿不久，恩師吉野作造先生來信慫慂我重新刋印「三十三年之夢」，時值我舊病重作，臥伏病褥，無暇考慮吉野先生的好意。彌來四載，我閉門籠居，放下一切，過着無所事事的生活。迨至今年（一九二六年）初春，有創設獨立勞工協會之議，而我又已回復健康，故遂能出席其發起人大會。是時恰巧吉野先生亦在座，而當話頭轉到「三十三年之夢」時，吉野先生則說：「如果沒有別的人在準備重新刋行，明治文化研究會願意刋印。」由於我也一直在想重新出版「三十三年之夢」以及家父寫「三十三年之夢」稍前所撰的「狂人譚」，因此遂接受吉野先生的雅意，並將重印「三十三年之夢」的事委託他。

「三十三年之夢」和「狂人譚」是著者在惠州起義失敗後，處於悲憤與窮苦的絕境，或爲解消積憤，或爲一些稿酬，在當時秋山定輔氏所經營的「二六新報」所連載的。而從發表的順序來說，「狂人譚」在先，但「三十三年之夢」却先出單行本。除這兩書外，家父在「二六新報」日後所撰的還有「明治國姓爺」的長篇，但這在日俄戰爭爆發前就被禁止連載，所以沒有寫完。

二

惠州起義失敗後，家父之所以入門桃中軒，爲的是想藉唱「落花之歌」遍遊各地，以喚起民衆，兼而能由此一攫千金，撈得革命軍費，但這兩者皆爲落空，窮窘日甚，此時中國革命運動一時陷於低潮，而　孫中山先生則別離日本前往歌美去專心糾合同志。

日本之在中國革命運動影響之圈外者，自此以後一直繼續到日俄戰爭前後。惟日本戰勝俄國以還，中國的有識青年便競相來日留學，因此當年的東京，幾乎有兩萬中國留學生。而黃興先生就是其中的一位。他初來日本時，則在專以中國留學生爲對象，命名宏文學院的日語學校就讀。黃先生是湖南長沙的名門子弟，曾在其故里的明德學校執教，曾繼唐才常等的起事而跟章炳麟先生計劃起義，惟事先被發覺，遂經由上海亡命東京。

家父之與黃先生認識，記得是在一九〇四年，黃先生來日不久的時候。當時，黃先生的思想是民族主義，是興漢倒滿的立場。家父窺黃先生人物與力量之非凡，便進而向其游說人類主義，要其推展中國革命運動不啻爲中國之運動，且能成爲改造世界的運動。居然，英敏的黃先生竟贊同家父的意思，並決定向在東京的中國青年宣傳。而黃先生這種思想的轉變，乃是促成　孫先生和黃先生提携的基礎。

記得一九〇五年初春，孫先生從歐洲抵達日本，此時在東京的中國青年之間，革命思想非常流行，他們到處召開歡迎　孫先生的會。孫先生與黃先生之邂逅就在這個時期。而介紹他倆互相認識的，是家父等日本的同志。從此以後，孫先生和黃先生合作無間，而為了大同團結中國的革命青年，他倆便組織了中國革命同盟會。該會後來成為中國革命的中心力量。

中國革命同盟會成立時，孫先生被推為總理，黃先生出任執行部長，並與章炳麟、張繼、宋教仁、胡漢民、陳天華、汪兆銘和何天烱等許多同志發行「民報」，一方面宣傳革命，另方面策劃革命的實踐。這時中國革命同盟會的活動實以民報社為中心，它既是革命運動的大本營，也是革命運動的策源地。而家父則受　孫先生之委託，擔任中國革命同盟會日本全權委員，做向日本方面有關交涉的工作，以及參與民報社的各種機密。

中國革命同盟會成立後，參加該會者，單單東京的中國留學生就有將近五千人之多，可見其在中國青年之間的聲勢如何；而為大事喚起日本的輿論，家父等更於一九〇六年秋天創辦了「革命評論」月刊。該刊同人除家父外，尚有萱野長知、和田三郎、北輝次郎和池亨吉諸位先生。（譯註一）「革命評論」以宣傳中國革命和俄國革命為目的，惟因日本政府的壓迫和經費的困難，終於次年春季停刊。

在「革命評論」還沒有停刊以前，當時在長崎的俄國亡命份子比利斯茲基，曾經帶一位曾領導一支軍隊參與一九〇四年俄國革命，後來被抓到並判死刑，而被解送到西伯利亞的名叫格列格里•格爾雪尼（G.A. Gershuni）的人，訪問了革命評論社。當然，格爾雪尼是越獄逃到日本的。由於家父等正在以為中國革命的成功，必須跟俄國革命配合，因此遂把格爾雪尼介紹給孫先生。　孫先生跟格爾雪尼開誠布公，談至鷄鳴，互約相助。爾後格爾雪尼則前往美國，惟不幸，在回俄國途中竟病歿。這是　孫先生跟俄國發生關係的開始。

一九〇八年初，民報社因為內部的動搖，終於解散。於是大家由團體行動而變為個別行動，孫先生到南洋，黃先生則留在日本策劃暗殺西太后和起兵廣州等事。而自民報社解散後，家父則邊幫忙黃先生的策劃工作，同時喜搞「浪花節」。（譯註二）

一九一〇年夏天，　孫先生跟乃兄與幾位同志來到東京，起居於東京小石川原町的陋舍，並與家父開始策劃各事，惟為清國公使館所探悉，並向日本政府要求逐出　孫先生，故　孫先生一行，不十數日便被日本政府趕走。於是　孫先生前往美國，乃兄到南洋，不過據說，不久乃兄便去世了。

孫先生離開日本以後的中國革命情勢是，在東京雖有日政府各種壓迫和干涉，但在中國內地，其形勢却是日趨光明。迨至一九一一年秋天，發生了四川的變亂和武昌的起義，十二月，在南京終於成立了共和政府。第一次革命成功以後，在北方出現了袁世凱，而在有關南北妥協的消息傳來時，家父等則慫慂國民黨北伐，並為其盡一切努力去籌款和準備武器，但日本政府却決定援助袁世凱，所以南京政府只有忍痛與其妥協之一途。南北妥協後，袁世凱的勢力蒸蒸日上，於焉有第二次革命的失敗，國民黨的分裂，第三次革命，革命形勢眞是江河日下。而家父對於國民黨的這種每下愈況，雖也曾經盡過最大的努力，奈何，對大勢究竟無所幫助，因此到晚年，他常嘆息說：「非革新革命精神不能成功。」

三

家父非常好酒，而且又很不看重金錢。家父之所以終身窘窮其理由在此。當第一次革命後，南北妥協問題正在流傳時， 孫先生曾經北上與袁世凱見面。當時家父在上海，有一天， 孫先生來電促家父到北京，理由是，爲酬謝家父對中國革命的功勞，袁世凱說將廢止防穀令，並將每年給家父以若干米糧的輸出權利，對此，家父斷然以爲縱渴亦不能飲盜泉之水而拒絕，並給 孫先生回電說他本來就不贊成 孫先生北上。如果當時家父接受了袁世凱的好意的話，對於日後的第二次、第三次革命等變局，在物質方面，家父或更能有力地支持國民黨也說不定。在這種意義上，家父的清廉，或多或少，促使了國民黨的低落。

家父自患腎症以後，我曾請他寫「三十三年之夢」以後的自傳，但他以對各方面仍有許多顧忌爲理由而沒動筆。惟去世前兩年左右，他曾訂正或補充「三十三年之夢」，所以這次重印，乃是根據他的訂正本。

四

家父名叫寅藏（戶口名簿上是虎藏。寅藏、虎藏在日語是同音——譯者）。白浪庵滔天是一八九五年左右開始自稱的別號。在這以前，據說號騰空庵白寅。白寅是渡邊元翁（譯註三）給他取的別號。家父是於一八七〇年十二月六日，在熊本縣玉名郡荒尾村出生的。祖父叫長藏（又名長兵衞或眞雄）乃母曰佐喜，是近鄉永屋氏的女兒。家父是十一個兒女中年紀最小者。長兄眞鄉（別名八郎）在明治初年提倡自由民權，明治十年（一八七七年——譯者）西南之役時，率鄉黨援助薩摩軍，戰死於八代，時年二十有八。其他弟兄姊妹大多夭折，得於長壽者只有二姐、兩兄和家父而已。「三十三年之夢」中所謂一兄和二兄便是。一兄民藏關心土地問題，倡平均地權，組織了土地復權會，並從事於是項行動直至發生幸德事件。（譯註四）

家父的墳墓在我故里荒尾村的鄰村平井村字大谷，而其分骨則葬在新潟縣東頸城郡下保倉村的顯聖寺。所謂顯聖寺是武田範之和尚（譯註五）所主持的寺，這是因爲武田和尚（一九一一年遷化）在世時爲家父做墳墓的關係。

最後，我要由衷地感謝重印「三十三年之夢」時，賜予做極其煩雜的校訂，並且加上解說和索引的吉野作造先生的盛意。（一九二六・六・一七）（譯註六）

（譯註一）根據「日本歷史大辭典」第二卷（河出書房版），宮崎是「革命評論」的主筆，同人還有平山周。又，北輝次郎就是北一輝。

（譯註二）「浪花節」，念成naniwabushi，又稱浪曲rokyoku,在性質上有如中國的相聲，不過不是由兩個人對談，而是由一個人講故事。

（譯註三）渡邊元，生歿年不詳。長崎人。號南岬。爲人豪爽，曾介紹宮崎彌藏到橫濱的中國商行去工作。

（譯註四）一九一〇年六月，以計劃暗殺明治天皇爲理由，包括幸德秋水，十一個社會主義者被捕並被處死刑的事件，但據日後史家的研究，這是莫須有的罪名。

（譯註五）武田範之（一八六三——一九一一），九州佐賀縣人。號洪濤。在「三十三年之夢」一書，跟着　孫中山先生後面爲該書寫序署名「無何有鄉生」的就是他。

（譯註六）此文譯自一九二六年七月十日，由明治文化研究會所重印「三十三年之夢」的附錄。又，作者宮崎龍介是滔天的長子，現務律師。

（一九七一、一、十五、於紐約）

（原載一九七一年三月號台北「藝文誌」）

附錄三、關於「三十三年之夢」及其中譯本

陳鵬仁

中國革命之友宮崎滔天（寅藏）所著的「三十三年之夢」，據我所知道，至今已有五種日文版本。

其第一種版本出現於一九〇二年，由東京國光書房發行；第二種版本於一九二六年七月，由明治文化研究會出版；第三種版本於一九四三年四月，由日本馳名的文藝文春社發行；第四種版本出版於一九六七年十月十日，發行所是平凡社；第五種版本仍然由平凡社出版，收於「宮崎滔天全集」第一卷，於一九七一年七月二十九日發行。以上五種版本，我都看過，但現在在手邊的只有第二、第三、第四和第五種版本。

第二種版本的校訂者是著名的政治學家、曾任東京大學教授的吉野作造。這個版本，除本文二七五頁外，還有一個附錄。附錄裏有：一、一張宮崎家人照片，滔天夫婦、母親、宮崎彌藏和宮崎民藏夫婦。此照拍於一八九三年；二、吉野作造對於本書的解說；三、宮崎滔天小傳，作者是滔天的長子龍介；四、索引。

第三種版本，本文二九一頁，有國父的序文，該序文譯者是著名的中國文學家魚返善雄。序

文前有兩張照片。一張是執筆「三十三年之夢」當時滔天的照片；另外一張是滔天夫婦、母親、長子龍介（三歲）和次子震作（一歲），攝於一八九五年。附有龍介所作，乃父小傳及其種種。龍介的這些文字，我曾經把它譯成中文，題名「宮崎滔天與『三十三年之夢』」與「我對於辛亥革命的回憶」（宮崎槌子），分別發表於一九七一年三月號「藝文誌」，和一九七一年一月號「東方雜誌」，並轉載於該年九月號紐約「中華青年」。這兩篇文章，後來收於拙譯著「宮崎滔天論孫中山與黃興」一書，由正中書局出版。

第四種版本，本文有二三六頁，另外還有註解；吉野作造上述的解說；宮崎龍介的乃父小傳，裏頭有九張很名貴的照片；東京大學名譽教授、現任亞細亞大學校長衞藤瀋吉的解說；滔天年表；地圖和有關人物的略傳。本書的校註者是宮崎龍介和衞藤瀋吉。因爲是戰後出版的，所以其印刷、內容、裝訂都比前三種版本好得多。

第五種版本的本文是二二〇頁，前面有清藤幸七郎、孫逸仙和無何有鄉生（武田範之）的序文；附錄一五頁；「續三十三之夢」九頁；照片十張。如前面所說，這個版本係收於「宮崎滔天全集」第一卷。此卷除「三十三年之夢」外，還有孫逸仙的「倫敦被難記」摘譯（比中文版早十四年），以及有關孫逸仙與黃興的文章，全書一共有六二五頁。這些文章，我大多把它譯成中文，以「宮崎滔天論孫中山與黃興」書名，由正中書局出版。

「宮崎滔天全集」一共有五卷。第五卷有「『三十三年之夢』註解」，執筆者是島田虔次，對於瞭解「三十三年之夢」很有幫助。此外，第五卷還有滔天的「書簡集」與年譜以及「人名索引」。年譜的編者是近藤秀樹。我曾經把這兩者譯成中文，題名「宮崎滔天書信與年譜」，由臺灣商務印書館出版。與此同時，我又從「宮崎滔天全集」譯成我認爲比較具有史料價値的部份，由黎明文化事業公司出版「論中國革命與先烈」，與由高雄三信出版社出版「宮崎滔天與中國革命」二書。又，「宮崎滔天全集」的編輯委員是宮崎龍介與小野川秀美；「宮崎滔天全集」的「宮崎滔天」四個字，用的是黃興的題字。

這本書的中文譯本，據我所知道，有九種。第一種是黃中黃譯，書名爲「孫中山」。譯者黃中黃就是做過段祺瑞內閣之敎育部長的章士釗。黃興在內陸看到章士釗的這個譯本，知道宮崎滔天的爲人，後來亡命日本時便去找宮崎幫忙，因而他倆變成莫逆之交。這個版本大約出版於一九〇三年。

第二種版本書名叫做「三十三年落花夢」，譯者是金一，問世於一九〇三年。第三種版本仍然叫做「三十三年落花夢」，譯者不詳，只有校刊者「P．Y」的署名，於一九二五年四月，由上海大道書店印行。

第四種版本是第三種版本的翻印，於一九五二年四月，由臺北帕米爾書店發行，譯者是金松岑，據衛藤瀋吉說，金一和金松岑是同一個人，金一爲筆名，松岑是號，他的本名叫做金天翮，係江蘇吳縣人，曾資助鄒容出版其轟動一時的「革命軍」一書（平凡社版「三十三年之夢」三一五—六頁）。由此可見，第三種版本是第二種版本的翻印。

第五種版本是一九六二年，吳相湘主編，由文書書店所印行的「革命家孫逸仙」，但這是第一種版本章士釗譯「孫中山」的翻印。

因此，以上五種版本，如果從其譯文本身來分類的話，在實際上只有兩種，就是章士釗譯的「孫中山」和金松岑譯的「三十三年落花夢」。

章士釗說他的譯書爲原書十分之四，且十分之四中又有裁汰，但在實際上，據我的估計，它只有大約原文的八分之一到十分之一的內容。

第二、章士釗是從原書第十七章開始翻譯的。他不但亂譯，而且亂加自己的意見。從本文第六頁到第八頁倒數第二行這一大段，就是他隨便加上去的。至於其亂譯，不勝枚舉。現在我只舉幾個例子。

「余認個人之自由權利者，不論財產平均之說，不論國家社會之說」（「滔天自序」（節錄）第七頁），應譯爲：「我承認個人的自由權利，因此我不喜財產平均之說，也不取國家社會之說」。

「而直視天下事如兒戲」（本文第四十六頁第八行），應譯爲：「有如孩子在打架」。「自是漸明中六之非行。更有私書僞造之發見。黨說紛紜。議陳其名。惠州之事終。孫君續爲裁判。以含糊其局。此最後之事也。」（第五十頁第五—六行），其原文應譯爲：「從此背山（中村彌六）的不正行爲逐漸分明，且有僞造文書之發現，此事遂成爲黨的問題，更演變成議除黨籍的問題。正在此事往另外方向發展，空費時日之際，惠州起義結束，孫君亦回來。此案隨即成爲訴訟問題，麻翁（神鞭知常）的調停，如此在紛紛擾擾中結其局。可是孫君尚不氣餒，遂命我使上海，這是最後之一策。」

章士釗不僅亂譯，並且這裏譯一段，那裏譯一段，既不是正式的翻譯，也不是普通的所謂節譯，所以我把它叫做「撿譯」，就是這裏撿譯一段，那裏撿譯一段的意思。因此章士釗的譯本實在大有問題，殊不值得參考。

至於金松岑的譯本，雖然也有不少錯誤，但却比章士釗高明一些，且文筆又好。不過，嚴格說起來，這個譯本也不行。因爲他跟章士釗一樣，隨便加自己的話，錯誤的地方也多（如把西瓜譯成「丹藥」（第二頁）；將掛羊頭賣狗肉譯爲：「夫飲羊之徒，不如屠狗」（第六頁））。因此這兩個譯本，或應用譯述二字，而不該用譯字。

第六種版本是宋越倫譯，書名也叫做「三十三年落花夢」，於一九七七年九月，由臺灣中華書局出版。本文二一五頁；前面有國父序、滔天自序和譯者序，同時附有「日本侵華之一貫性」、「附注」、「人物略傳」、「『落花夢』以後之滔天」和「梅雨瀟瀟中訪滔天故居」等文。這是「三十三年之夢」的第一本中文全譯本。

本譯本的優點是翻譯正確，文字優美，但也有其錯誤。第一個錯誤是在「譯者序」裏他說：

「原書係在五十餘年前出版」，但此書乃於一九〇二年問世，距今已有八十五個年頭，宋譯本於十年前出版，所以自不止「五十多年前」。（這可能是筆誤或校對錯誤所致。）

第二個和第三個錯誤是，他把「本君」譯成「本人」（一九五頁）和「孫君本人」（二一一頁）。其實「本君」是彭西。這是犬養毅所講的話，所以把它譯成「本人」就變成犬養自己。彭西與犬養，差得實在太遠了，因此更不能把「孫君本君」譯成「孫君本人」。他把孫先生與彭西混爲一談了。「本君」（Ponkun）是彭西（Ponce）的綽號，這兩者的前三個羅馬字母都是Pon，因此日本友人們叫彭西爲「本君」。

第七種版本是佚名初譯、林啓彥改譯和註釋的「三十三年之夢」。此譯本於一九八一年，由花城出版社、生活・讀書・新知三聯書店香港分店出版，廣東省新華書店所發行。有七張照片、王德昭序、譯者的話，本文和注解二四七頁，四個附錄。第一個附錄是吉野作造作，我譯的「宮崎滔天著『三十三年之夢』解說」，是他們轉載的，沒有註明出處。

第二個附錄是宮崎龍介前述那篇文章，是譯者譯的，第三個附錄是滔天的年表，譯者所編，最後是人名索引。

這個版本的優點是完全用白話文，缺點是用簡體字。它跟宋譯本一樣，把「本君」譯錯了。在二二六頁，它把「本君」譯成「背山」，亦即中村彌六，二四三頁的「孫君本君」，乾脆不譯。

在這裏我想順便提到的是，「三十三年之夢」的英文版My Thirty Three Year's Dream，係於一九八二年，由普林斯頓大學出版，譯者是該大學教授詹森（Marius B・Jansen）和衞藤瀋吉。這個譯本，也把「本君」完全省掉（該書二五一頁和二七四頁）。

第八種版本是於一九八四年元月，由帕米爾書店出版的「三十三年之夢」。這是前述第七種版本的翻印（但譯者名是啓彥譯），加上前述帕米爾書店所出第四種版本而成。換句話說，把第四種版本當成附錄的第三篇，其餘的與第七種版本完全一樣，當然有我譯的「宮崎滔天著『三十三年之夢』解說」。因此，此書分量最多，有三八五頁。

第九種版本是宋越倫譯中華書局本的重印，於民國七十六年五月，由臺北致良出版社出版。此譯本，把「宮崎滔天全集」的所有照片，統統收入，加上蔣復璁函和「宮崎滔天年表」，其餘照舊，一共有三一五頁。舊版的筆誤或校對錯誤，「原書係五十餘年前出版」，已經改為「七十餘年前」了，但第二個和第三個錯誤，仍然沒改（新版二一六頁第一行和二三四頁第二行）。

此外，明年將出現第十種版本。這是我譯的。我於十年前還在東京時，把它譯完百分之九五左右，惟因準備參加甲等特考，把它擺下來，一擺擺了十年。我譯此書有兩個原因。第一是我研究國父與日本人亦卽日本人與辛亥革命的關係多年，自應該翻譯這本最重要的文獻；第二、早期的譯本（那時第六、七種版本都還沒問世），全是文言文，不大合適現代人閱讀，而且是摘譯，錯誤、缺點又多。所以我決心把它譯成任何中國人都能夠閱讀的現代文，並改正這些錯誤和缺點。我的書名也叫做「三十三年之夢」，將交由水牛出版社出版。（七六、十一、三十）。

（原載民國七十七年一月號「傳記文學」）

譯者的話

「三十三年之夢」是中國革命之友宮崎滔天的自傳。因爲他三十三歲時，於明治三十三年所寫，故取名「三十三年之夢」。「三十三年之夢」是，外國文獻中有關辛亥革命最重要的一本。

本書，除本文外，有三篇附錄。爲加深瞭解其內容及有關事項，我奉勸讀者先看附錄，然後才看本文，這樣對讀者比較有幫助。

關於辛亥革命與日本這個主題，我曾經出版過以下數書，各位讀者如果有興趣和機會，請能參閱。

「孫中山先生與日本友人」（水牛出版社）、「宮崎滔天論孫中山與黃興」（正中書局）、「宮崎滔天書信與年譜」（商務印書館）、「論中國革命與先烈」（黎明文化事業公司）、「宮崎滔天與中國革命」（高雄三信出版社）和「國父在日本」（商務印書館）。

最後要由衷感謝水牛出版社負責人彭誠晃先生，和游淑敏小姐幫我出版此書，並請各位先生、女士賜予指教。

陳鵬仁　七八、三、一、台北

陳鵬仁先生的著書籍譯書

書名	出版書店	出版年份
三民主義概說（日文）	東京中華民國駐日本大使館	一九六五年
富士山頭雜感集	臺北帕米爾書店	一九六六年
小泉信三評論集	臺北幼獅文化事業公司	一九六九年
決定日本的一百年	臺北學術出版社	一九七〇年
扶桑論集（日文）	東京日本教圖株式會社	一九七〇年
千金流浪記	香港旅行雜誌社	一九七二年
現代政治學	臺北鑽石出版社	一九七二年
紐約・東京・台北	臺北鑽石出版社	一九七二年
亞當斯密與經濟學（二版）	臺灣商務印書館	一九七二年
孫中山先生與日本友人（二版）	臺北大林出版社	一九七三年

戰後日本思想界的逆流	臺北正中書局	一九七四年
英國的國會（二版）	臺北幼獅文化事業公司	一九七四年
我對馬克斯主義的批評	臺北國防部總政戰部	一九七四年
中國的悲劇（日文）	東京世界情勢研究會	一九七六年
戰後日本的思想與政治	臺北幼獅文化事業公司	一九七六年
宮崎滔天論孫中山與黃興（三版）	臺北正中書局	一九七七年
紐約・東京・臺北（上、下）（二版）	臺北正中書局	一九七七年
美國總統選擧與政治（二版）	臺北水牛出版社	一九七七年
世界近代使（三版）	臺北水牛出版社	一九七七年
宮崎滔天與中國革命	高雄三信出版社	一九七七年
戰後日本的政黨與政治	高雄大舞臺書苑出版社	一九七八年
論中國革命與先烈（二版）	臺北黎明文化事業公司	一九七九年
日本華僑問題分析	臺北天馬出版社	一九七九年
千金流浪記（增訂版）	臺北大林出版社	一九七九年

三民主義とは何か（三版）	東京自由新聞社	一九八〇年
私のアメリカと日本	東京世界情勢研究會	一九八一年
鐵蹄底下的亡魂	臺北黎明文化事業公司	一九八一年
宮崎滔天書信與年譜	臺灣商務印書館	一九八二年
我殺死了張作霖	聚珍書屋出版社	一九八二年
日本的作家與作品（上）	黎明文化事業公司	一九八三年
日本侵華內幕	黎明文化事業公司	一九八六年
近代日本外交與中國	水牛出版社	一九八六年
近百年來中日關係（中日文對照）（二版）	水牛出版社	一九八七年
私のアメリカと日本	水牛出版社	一九八七年
張作霖與日本	水牛出版社	一九八七年
中國之悲劇（中日文對照）	水牛出版社	排印中
芥川獎與芥川龍之介	水牛出版社	一九八七年
日本的作家與作品（下）	黎明文化事業公司	一九八七年

石射豬太郎回憶錄	水牛出版社	一九八七年
日人筆下的八一八事變	水牛出版社	排印中
冷眼看中國大陸	水牛出版社	一九八八年
田中義一內閣的對華政策	水牛出版社	排印中
日本的作家與作品（中日文對照）	水牛出版社	一九八七年
三十三年之夢	水牛出版社	一九八八年
國父在日本	商務印書館	一九八八年
中華民國的遠景	中央日報社	一九八八年
中日外交史（北伐時代）	水牛出版社	一九八八年
中日關係史（一九一二—一九一六年）	水牛出版社	排印中
日本華僑概論	水牛出版社	一九八八年

國家圖書館出版品預行編目資料

近代中日關係研究. 第三輯：三十三年之夢－宮崎滔天自傳 / 宮崎滔天著 / 陳鵬仁譯. -- 初版. --
臺北市: 蘭臺出版社, 2024.11
冊；公分 --(近代中日關係研究第三輯：1)
ISBN 978-626-98677-0-7(全套：精裝)
1.CST: 中日關係 2.CST: 外交史
643.1 113006866

近代中日關係研究第三輯 1

三十三年之夢－宮崎滔天自傳

作　　者：宮崎滔天
譯　　者：陳鵬仁
主　　編：張加君
編　　輯：沈彥伶
美　　編：陳勁宏
校　　對：楊容容、古佳雯
封面設計：陳勁宏
出　　版：蘭臺出版社
地　　址：臺北市中正區重慶南路1段121號8樓之14
電　　話：(02) 2331-1675 或 (02) 2331-1691
傳　　真：(02) 2382-6225
E - MAIL：books5w@gmail.com或books5w@yahoo.com.tw
網路書店：http://5w.com.tw/
https://www.pcstore.com.tw/yesbooks/
https://shopee.tw/books5w
博客來網路書店、博客思網路書店
三民書局、金石堂書店
經　　銷：聯合發行股份有限公司
電　　話：(02) 2917-8022　傳真：(02) 2915-7212
劃撥戶名：蘭臺出版社　帳號：18995335
香港代理：香港聯合零售有限公司
電　　話：(852) 2150-2100　傳真：(852) 2356-0735
出版日期：2024年11月 初版
定　　價：新臺幣12000元整（精裝，套書不零售）
ISBN：978-626-98677-0-7

《臺灣史研究名家論集》

這套叢書是二十九位兩岸台灣史的權威歷史名家的著述精華，精采可期，將是臺灣史研究的一座豐功碑及里程碑，可以藏諸名山，垂範後世，開啓門徑，臺灣史的未來新方向即孕育在這套叢書中。展視書稿，披卷流連，略綴數語以說明叢刊的成書經過，及對臺灣史的一些想法，期待與焦慮。

一編 ISBN：978-986-5633-47-9

王志宇、汪毅夫、卓克華、周宗賢、林仁川、林國平、韋煙灶、徐亞湘、陳支平、陳哲三、陳進傳、鄭喜夫、鄧孔昭、戴文鋒

臺灣史研究名家論集（叢書） 定價：28000

二編 ISBN：978-986-5633-70-7

尹章義、李乾朗、吳學明、周翔鶴、林文龍、邱榮裕、徐曉望、康　豹、陳小沖、陳孔立、黃卓權、黃美英、楊彥杰、蔡相輝、王見川

臺灣史名家研究論集二編 （精裝）NT$：30000

三編 ISBN:978-986-0643-04-6

尹章義、林滿紅、林翠鳳、武之璋、孟祥瀚、洪健榮、張崑振、張勝彥、戚嘉林、許世融、連心豪、葉乃齊、趙祐志、賴志彰、闞正宗

臺灣史研究名家論集三編（精裝）：28000元